GUÍA del PAPÁ PRIMERIZO

Jonas Weidner

Todo lo que debes saber sobre el deseo de concebir, el parto y el bebé

Cómo puedes compaginar ser padre de tus hijos con la familia, el trabajo y tu carrera profesional

La actitud correcta para una relación intacta y una vida sexual plena a pesar de ser padre

Índice

Prólogo

Me llamo Jonas Weidner. Vivo con mi mujer Claudia y mi hijo Erik en la preciosa ciudad de Hamburgo. Estudié periodismo y trabajo desde hace algunos años para un importante portal de noticias online.

El tiempo previo y posterior al nacimiento de nuestro hijo estuvo plagado de dudas y, al mismo tiempo, fue un período de investigación interesante. Leí incontables libros acerca de este tema y pasé muchas horas buscando información en Internet. En resumen, este libro ha surgido gracias a mi interés personal por el tema.

Quiero dar las gracias a mi mujer, Claudia. Hemos discutido juntos detalladamente todas las cuestiones que aparecen en el libro y sus impresiones forman parte de él. También quiero dar las gracias a Ulrike Kunze, que se ha encargado de la revisión del libro.

El libro está dirigido a futuros padres y es un bonito regalo. El tema de la paternidad aparece sin tapujos. Se trata de una bomba informativa que pongo a tu disposición para que puedas familiarizarte con el tema del deseo de ser padre, el embarazo, el nacimiento y el bebé. He dado mucha importancia al hecho de que la redacción sea breve y vaya al grano, apoyándome en muchas listas de comprobación, cuadros informativos y otros consejos.

Estaré encantado de conocer vuestra opinión.

Hamburgo, 24-04-2019

Introducción

Se cuenta que el sultán marroquí Mulai Ismail engendró 888 hijos en 30 años con cuatro esposas y 500 concubinas. Lo más probable es que ni tú ni yo le alcancemos. Pero tal y como cuenta un proverbio de Hawai: "Un viaje empieza con el primer paso en la dirección correcta." Y seguramente tú tienes este libro en tus manos porque el viaje, en este caso la paternidad, es una realidad para ti.

La palabra "papá" aparece en el 71% de los idiomas del mundo. Y no es poco probable que esta sea la primera palabra que pronuncie tu descendencia . Mi Erik, sin embargo, lo primero que dijo a propósito fue "mamá" y cada vez que lo recuerdo me sigo riendo, en especial en situaciones de estrés.

En el libro no solo podrás saber más acerca del deseo de ser padre, el embarazo, el nacimiento y lo que fue importante durante el primer año con el pequeño Erik, sino también tener más conocimientos del tema del trabajo, la autonomía, la relación de pareja, la vida sexual y también la relación con familiares y amigos.

¿Por qué debería un hombre ser padre? Ahora, con la distancia adecuada, puedo responder fácilmente a esta pregunta y resumirla en cinco puntos:

1. Por fin puedo volver a ser un niño. Con tu hijo puedes armar alboroto con total tranquilidad, probar el último juguete o ir en trineo.

2. Soy un héroe. Mi pequeño tiene 1.000 preguntas y (todavía) confía plenamente en mis respuestas.

3. Veo la vida desde una perspectiva nueva y diferente. Para nosotros, como adultos, las pequeñas cosas son evidentes. Los niños descubren su mundo por primera vez y hacen que los adultos sean partícipes de él sin filtros.

4. Me necesitan. Alguien te necesita y no es tu jefe sino alguien de tu propia sangre: ¡un sentimiento estupendo!

5. He evolucionado. Como padre cambias, pero, ¡que no cunda el pánico! La responsabilidad, las experiencias vitales y las emociones hacen que madures y que seas una mejor versión de ti mismo.

Así que, ¡ánimo con el viaje! Disfruta con la lectura y la consulta del libro.

El deseo de tener hijos

Los niños son huéspedes

que preguntan el camino a seguir.

Maria Montessori

Información general

Has comprado este libro porque tú y tu pareja habéis decidido tener un hijo y eso puede dar lugar a muchas preguntas y generar mucha confusión. Con esta guía quiero ayudaros, en especial a ti, a resolver todas esas dudas y poner en tus manos una información que puede explicarte y facilitarte todo el proceso hasta el nacimiento. También te daré consejos y trucos para cuando el bebé haya llegado al mundo.

Pero empezaremos, como ha de ser, por el principio de todo, por el deseo de tener hijos.

El punto de vista científico

Quizá ya lo sabes por tu propia experiencia: tan pronto como llega el deseo de traer un bebé al mundo, la vida amorosa de la pareja se pone completamente patas arriba. El deseo tiene que llegar en el momento perfecto y ajustarse a la ovulación y al ciclo de la mujer. La pareja hace todo aquello que escucha o lee para acelerar de alguna manera el proceso. ¿Pero eso en realidad sirve de algo o es mejor tomarse las cosas con calma?

La ciencia nos enseña que la base correcta para la procreación no es el calendario, sino que eres tú, el hombre. Sí, suena muy bonito para ser verdad, pero tú deberías llevar las riendas y marcar el ritmo. Para ello hay una explicación simple. La naturaleza te ha dotado de instintos que aparecen de forma inconsciente con la ovulación de tu pareja. Querrás acostarte con ella de inmediato.

La prueba de ello puede observarse en el reino animal. El gorila macho, que anatómicamente es muy similar a nosotros, no recibe ningún calendario de la hembra que le indique en qué semana exacta de su ciclo se encuentra. No, el macho, gracias a su instinto, reconoce cuándo es el mejor momento para procrear y es exactamente cuando más ganas tiene de aparearse con la hembra. Con el ser humano no es diferente.

En lo que al instinto natural de conquista se refiere, nuestros amigos animales tienen algo que enseñarnos. Incluso nuestro pasado lejano nos muestra que el hombre es el cazador. Quiere conquistar a su mujer y después ocuparse de que esté bien. Solo así consigue una satisfacción consigo mismo que tiene una importancia especial con la procreación. Esta eleva tu nivel de testosterona, que, a su vez, se encarga de producir esperma sano y, sin ello, es bien sabido que es difícil traer un bebé al mundo. Si tu compañera rompe con la tarea que la naturaleza ha previsto para ti, puede ocurrir rápidamente que tú te sientas un poco castrado. Incluso aunque tú en principio no le des importancia, la cantidad de esperma fértil se reduce, cosa que no debe ocurrir en ningún caso. ¡Deja claro a tu pareja que lo mejor para los dos es que tú tomes la iniciativa!

Las normas sexuales más importantes:

Elegir una postura en la que la eyaculación pueda entrar de manera profunda (postura del misionero, postura del perrito, sexo de lado)

El orgasmo de tu pareja debe llegar después o al mismo tiempo que el tuyo para que el útero pueda recibir el esperma de manera óptima

Para tu pareja: Se aconseja que después de las relaciones sexuales permanezca tumbada durante una hora con los glúteos elevados (por ejemplo, poniéndose una almohada debajo)

Diferencias entre tu pareja y tú

Las estadísticas muestran que tu deseo de tener hijos a menudo depende de ciertos factores. A este respecto, en el hombre este deseo viene condicionado por el deseo de su compañera. Si ella todavía no está preparada para quedase embarazada, es más probable que tú tampoco estés preparado para tener hijos. También tienen importancia la experiencia que has tenido en tu infancia, el éxito en tu trabajo y tu edad.

En las mujeres, el deseo de tener hijos depende en su mayor parte de otros aspectos. Por supuesto, para ella es importante su situación laboral y hoy en día muchas se plantean si pueden permitirse tener un bebé por motivos económicos. Pero estas reflexiones solo se dan si el deseo de tener hijos no es muy grande. Es mucho más probable que tu pareja quiera dar un sentido a su vida, transmitir experiencias y conocimientos, evolucionar ella misma y que la pareja evolucione. Además, en ella el deseo suele darse a menudo a una edad bastante inferior a la edad en la que tú experimentas ese deseo. Mientras tú todavía quieres desfogarte y experimentar, ella con poco más de 20 años ya empieza a pensar en formar una familia. ¡En comparación, puede extraerse de las encuestas y de las estadísticas que la media de la edad en la que los hombres desean ser padres es de 10–15 años más tarde!

Esto no significa que ella quiera comprometerse contigo antes y que tú todavía no estés preparado para ello. No, la naturaleza ha diseñado a ambos sexos de manera diferente. Mientras que para ti la capacidad reproductora no empieza a reducirse ligeramente hasta los 35 años, una mujer que tenga un hijo a esta edad ya tendrá lo que se denomina un *embarazo de riesgo* (más adelante aparece más información sobre este tema).

Confiar en el instinto a la hora de comer

Posiblemente te hayas dado cuenta de que últimamente tu pareja cada vez presta más atención a lo que come o a lo que coméis los dos. ¿Y esto ha ocurrido precisamente cuando ha llegado el deseo de tener hijos? Probablemente tenga relación con la creencia errónea de que la renuncia a algunos nutrientes como el azúcar puede acelerar la procreación. Sin embargo, esto no es del todo cierto. Es verdad que hay algunos nutrientes que influyen de manera positiva en el equilibrio hormonal, pero un cambio completo en la alimentación no conduce al embarazo.

Es mucho más importante confiar en el instinto a la hora de comer. El instinto nos avisa de lo que el cuerpo necesita de manera exacta. Por supuesto, en la actualidad ya no es tan fácil como parecía. En nuestras cabezas ya hace días que tenemos una lista en la que clasificamos los alimentos en buenos y malos.

Pero si ahora recuerdas cuando eras niño, te darás cuenta de que antes podías hacerlo. Antes sabías exactamente lo que tenías que comer o beber y lo que tu cuerpo te demandaba. Con el tiempo, la humanidad ha olvidado escuchar a su niño interior. En lugar de ello, confiamos en guías de la salud y en revistas que no paran de decirnos lo malo que es el azúcar y lo que engorda y que el exceso de sal daña nuestros riñones. Automáticamente nos quedamos con esta información e intentamos eliminar estos nutrientes de la mejor forma posible y por completo de nuestra dieta.

¿Pero quién dice que un niño consume demasiada sal? ¿Nadie escucha su propia voz interior? Precisamente es el niño quien lo hace. Y en especial cuando toma los minerales que su cuerpo le pedía. Es precisamente cuando tu pareja y tú intentáis tener un bebé cuando deberíais volver a escuchar vuestro instinto. No evitéis alimentos que os han dicho que eran malos, ya que las señales de vuestro cuerpo revelan lo que necesita vuestro organismo. ¡Además del estilo de vida equilibrado que necesita cualquier persona para estar sana, las hormonas de la felicidad que se producen con ello obrarán maravillas! Además, se vive con mucho menos estrés si no hay que pensar todo el tiempo en si te estás alimentando correctamente o no. Y el estrés es, como todos sabemos, veneno para el cuerpo, es especial cuando tiene que concentrarse para el embarazo.

CONSEJO: Fortalecer el hígado

Este órgano tan importante para la vida participa de forma decisiva en la liberación de hormonas, jugando un papel especialmente importante en la época en la que se busca tener hijos. Los siguientes alimentos fortalecen el hígado:

- Alimentos con sabor amargo (como pomelos, alcachofas, brócoli, col, infusiones de hierbas, etc.)
- Zumo de zanahoria (en especial fresco, de zanahorias ecológicas y por la mañana en ayunas)
- Calentador para colocar sobre el hígado – el hígado debe utilizar mucha energía para mantener su temperatura. Colocándote un calentador, el hígado se aliviará y podrá concentrarse en sus propias tareas, como la formación de distintas hormonas

---

Asistencia médica: la regla de oro

Muchas personas que desean tener hijos buscan demasiado tarde un médico que pueda aconsejarles de forma exhaustiva en todos los aspectos. A este respecto, lo primero que debe figurar en la lista de deberes es la visita al ginecólogo, ya que atiende de forma minuciosa a sus pacientes, puede actuar frente a algunas irregularidades del ciclo femenino y muy importante: explica, conversa, es experto en el tema y da consejos.

Lo que hace el ginecólogo cuando se desea un bebé

- Comprobación del estado de salud (¿hay inflamaciones?)
- Seguimiento del ciclo (¿cuánto dura el ciclo y cuándo tiene lugar la ovulación?)
- Estudio del endometrio
- Estudio del moco cervical (¿es elástico en la ovulación?)
- Estudio de la situación hormonal
- Como último recurso, una laparoscopia

No debe confundirse el ginecólogo con una clínica de reproducción asistida, en la que se ofrece la inseminación artificial: esto debería ser la última opción. Solo debe visistarse una clínica de este tipo si el embarazo no se consigue por medio de procedimientos naturales, ya que aquí ya no se trata la salud de la paciente, sino la fecundación. Hoy en día esta posibilidad suele estar en la mente de las parejas. Sin embargo, cuando nuestros padres se encontraban en la situación de querer tener un hijo, estas clínicas no estaban tan consolidadas. Entonces pasaba mucho tiempo entre los intérvalos de tratamiento y este tiempo se utilizaba para seguir intentándolo de forma natural y mira por donde: en la mayoría de los casos era así como se conseguía.

En realidad hoy en día no ha cambiado nada, a excepción del hecho de que ya no transcurre tanto tiempo entre los tratamientos. Esto a tu pareja le supondría muchas energías que debería guardar para el embarazo. Y si os decidís por la inseminación artificial, también se necesita tiempo, se requiere pausas grandes entre cada tratamiento y, entretanto, se sigue intentando también de forma natural: ¿entonces por qué poner todas las esperanzas en una posibilidad agotadora? Al fin y al cabo, son muchas las mujeres que se quedan embarazadas justo en el momento en el que descartan la fecundación natural y están esperando su primer tratamiento de inseminación artificial. En esta situación es especialmente recomendable que alces la voz. El incumplimiento del deseo de tener hijos pondrá a prueba tus nervios y tampoco será fácil para ti. A estas alturas tu pareja ya habrá empezado a culpabilizarse y a tener miedo de no cumplir la tarea que desea como mujer. Por eso hará todo lo posible para acelerar el proceso y tal y como ya se ha mencionado anteriormente: lo más importante es que os deis un tiempo y no os presionéis.

CONSEJO: Considerar una ayuda adicional

También podéis visitar a una matrona, un naturópata o un fisioterapeuta con formación para aconsejar en el tema del embarazo. Estos profesionales pueden ofreceros más apoyo, ya deseéis tener un bebé de forma natural o de manera artificial.

Por cierto, en este tiempo tú también puedes buscar un médico. Un andrólogo puede analizar la calidad de tu esperma con un instrumento denominado espermiograma. Este médico podrá aconsejarte y explicarte lo que debes hacer. Si los resultados del análisis no son óptimos, te ayudará a encontrar la terapia adecuada. También en el caso de que tengas una inflamación que pueda obstaculizar la fecundación, un médico especializado podrá constatar dicho problema y tratarlo. De esta manera se pondrá fin a los obstáculos para el embarazo.

- **Zinc:** Importante para la formación de la sustancia genética y el crecimiento de las células. También ayuda a conseguir un nivel sano de testosterona
- **Vitamina B:** Fomenta la calidad del esperma y la fluidez de la sangre.
- **Preparados de sauzgatillo:** Aumenta la madurez del esperma e influye en el nivel de testosterona y en la capacidad para tener orgasmos.
- **Jengibre:** Tiene efecto antibacteriano y antiinflamatorio y puede ayudar en inflamaciones leves o irritaciones de los órganos genitales y de los órganos del tracto urinario.

Cuando nada funciona

Al principio, si el deseo de ser padres no se cumple, esto puede suponer una fuerte carga psicológica para la pareja. Esto puede tener distintas causas y no siempre guarda relación con la esterilidad de uno de los miembros de la pareja. El ginecólogo o también el andrólogo pueden comprobar con ayuda de distintos análisis dónde está el motivo. El motivo más frecuente suele ser una ovulación insuficiente, para lo cual pueden ser de ayuda tratamientos con medicamentos para la regulación del ciclo. A veces el motivo de la esterilidad temporal se debe a inflamaciones o infecciones. Si la cosa todavía no funciona, no hay que tirar la toalla a la primera de cambio, sino mantener la calma, comunicar tus preocupaciones a un médico especializado y encontrar junto a él/ella una solución.

Si aún con todo no se puede concebir, todavía queda la posibilidad de una inseminación artificial. En una clínica especial se llevarán a cabo más estudios y se darán consejos. Las posibilidades de tratamiento varían y en algunos casos incluso lo cubre el seguro médico. Si esta posibilidad no funciona, todavía queda como última opción la adopción o la acogida de un niño.

Por supuesto, el deseo incumplido de tener hijos es en muchos casos una carga psicológica que, especialmente en las mujeres, a menudo conduce a depresiones. Si este es el caso, es muy importante que ninguno de los dos intente actuar en solitario. Los dos tenéis que estar seguros de que también la pareja comprende sus preocupaciones. Hablad siempre. Muchas veces también es útil obtener asesoría psicológica. Algunos terapeutas están especializados en este tema concreto y han tenido una larga formación para poder ayudar a las personas afectadas a salir de su estado depresivo.

El miedo antes de ser padre

Tal y como se ha mencionado, el deseo de tener un hijo viene a menudo de tu pareja. Mientras ella desarrolla una especie de instinto maternal que hace que piense casi exclusivamente en el lado bueno de la maternidad, a menudo tu cabeza es un mar de dudas. Estas dudas impiden que te sientas preparado y rápidamente te olvidas de que los niños vienen con un pan debajo del brazo.

Las primeras dudas surgen de la nada. Un hombre puede sentir muy rápido los límites a su libertad y no es raro que se pregunte cómo va a ser todo una vez que sea padre. Suele hacer reflexiones del tipo: *Simplemente quiero hacer lo que me apetece en cada momento. ¿Eso se acabó?*

Pero, especialmente en lo que se refiere a tu trabajo y a tu salario, seguramente se te pasan muchas cosas por la cabeza. *¿De verdad puedo permitirme tener un bebé? ¿Gano el dinero suficiente para mantener a mi familia? ¿Podremos llegar a final de mes si mi pareja mientras tanto no trabaja?* Déjame decirte una cosa: No eres el único que tiene estos miedos y dudas. Muchos padres se han sentido así y han encontrado formas de hacerles frente.

Encontrar soluciones conjuntas

Probablemente te sientes preparado para tener un hijo cuando has vivido lo suficiente, cuando has podido tachar el gran viaje al extranjero que querías hacer de tu lista de cosas por hacer y, en especial, cuando has llegado al punto de tu carrera que deseabas alcanzar. Con una vida laboral consolidada, un sueldo seguro, que hasta ahora utilizabas para el bonito pero no tan práctico coche que tienes en la puerta de casa, tu enorme televisión inteligente y las muchas actividades que hacías en tu tiempo libre. Lo ideal es que en la vida de tu pareja esto no haya sido muy diferente.

Ahora te espera un papel completamente nuevo. Uno para el que, a pesar de la vida que has llevado hasta ahora como adulto, no te has podido preparar de ninguna manera. De repente tendrás que ser el proveedor de toda la familia. En un primer momento la mamá se quedará en casa cuando el bebé haya nacido y faltará su sueldo, mientras que tú deberás ocuparte de mantener todo a flote. Por supuesto, en un primer momento esto suena aterrador . Ahora cualquier ayuda y centro de información puede ayudarte a superar tus miedos y aclarar tus dudas.

En primer lugar, elabora una lista en la que puedas escribir todos los gastos que hayáis tenido hasta ahora. Busca aquellos, a los que no puedas renunciar bajo ninguna circunstancia, como los gastos de alquiler o de electricidad. Añade después los gastos adicionales para el bebé. Entonces tendrás una cifra aproximada y podrás hacer un plan con tu pareja y buscar soluciones.

Haz una visita al departamento de personal de tu empresa. De esta manera podrás calcular de forma exacta lo que ocurre con tu sueldo cuando el bebé haya nacido y mientras tanto tu pareja no trabaja. En lo que a impuestos se refiere, tendrás una ventaja en la que probablemente no hayas pensado. Además, en España hay centros que se ocupan de las familias y podrán ayudarte con tus dudas e inquietudes. Puedes dirigirte a un centro de planificación familiar en tu ciudad y concertar una cita.

Podéis hacer otra lista que os ayude a decidir qué mantener en vuestra lista individual de cosas por hacer. Debéis tener en cuenta lo que hay que hacer antes de que el bebé llegue al mundo y, en la práctica, llegar a un acuerdo sobre cómo actuar con el bebé. Con ello podrás ver que en realidad no te encuentras muy limitado.

Pero en este tema también lo más importante es que tú y tu pareja habléis con frecuencia entre vosotros. Ninguno de los dos tiene que estar solo ante la búsqueda de una solución o cargarse con todas las responsabilidades. De una cosa podéis estar seguros: en cuanto el bebé llegue al mundo, todas las dudas y los miedos acerca del sueldo y el tiempo libre se disiparán de golpe.

¿Se puede ser padre cuando se está estudiando, en el ejército y cuando se es autónomo?

Hasta el momento hemos dado por hecho que has llegado al punto en el que querías estar de tu carrera profesional. ¿Pero qué ocurre si todavía estás en medio de tu **formación**? En este caso, la situación económica es muy diferente a la del padre de familia que ya tiene su puesto fijo en una empresa, pero aún con todo, no tienes que esconder la cabeza como un avestruz.

Aunque hacer una lista de gastos e ingresos es muy importante, quizá en este momento no te resulte muy útil. Lo mejor para ti será que busques un centro de asesoramiento en el que te muestren tus posibilidades.

¿Y si trabajas en el **ejército**? En este caso, durante el primer año de vida del bebé podrás disfrutar de jornada reducida sin que tu sueldo se vea afectado y no tendrás que cubrir guardias.

Si trabajas como **autónomo**, las preocupaciones también son muy diferentes. Solo puedes hablar de un sueldo fijo cuando hay un trabajo continuo. Si debes alimentar a una familia, la presión es mayor que para los empleados fijos. Por ello, una planificación correcta es muy importante. Diseña junto a tu pareja un plan que contemple tu disposición de tiempo para la familia, el trabajo, la pareja y también tus propias necesidades. Infórmate a tiempo si quieres solicitar una prestación económica por ser padre, ya que también hay ayudas para los autónomos. Si optas por trabajar menos y estar más con la familia, infórmate de tus posibilidades en el seguro médico o en asociaciones. También es importante no decepcionar a tus clientes. Explícales en qué momento no estás disponible y delega en compañeros de oficio para poder seguir con las tareas de manera eficiente.

El embarazo

La investigación médica

ha hecho avances tan enormes que

ya no queda ningún hombre sano.

Aldous Huxley

Del deseo de tener hijos hasta el embarazo

Por fin llega el momento. El instinto está ahí y estáis de acuerdo: queréis tener un hijo. Tu pareja es probable que ya lleve un tiempo informándose de temas que ahora son interesantes para ti también. Sin embargo, el embarazo supone muchas cosas que ningún hombre entiende muy bien. Se acumulan muchas dudas y voy a intentar ayudarte a encontrar respuestas.

La edad ideal

Mientras que tú tienes casi toda tu vida para engendrar un hijo, para tu pareja las cosas son muy distintas. Cuando se llega a la menopausia, se producen variaciones en el ciclo y la ovulación es menos frecuente. Esto significa que sus opciones de tener hijos se reducen hasta que en algún momento desaparecen por completo. De media, la menopausia tiene lugar entre los 45 y los 55 años: un plazo largo que ningún médico puede prever.

Sin embargo, la etapa más fértil de tu pareja está entre los 20 y los 29 años de edad. Atendiendo al ámbito puramente biológico, esta es la mejor edad para tener un hijo. Después, la fertilidad se reduce a partir de los 30 años. Sin embargo, esto no debería ser desalentador, ya que podemos observar que hoy en día hay una tendencia a retrasar el embarazo y muchas mujeres se quedan embarazadas con 35 años o incluso con 40, cosa que puede ocurrir perfectamente.

Posibles complicaciones

Si tu pareja tiene 35 años o más, aumenta el riesgo de una anomalía cromosómica en el bebé. Una de las anomalías más frecuentes y conocidas de este tipo es el síndrome de Down: una combinación de limitaciones mentales y malformaciones físicas. El motivo de ello está en que a más edad la cohesina en los óvulos de la mujer, responsable de la estabilización de los cromosomas, pierde fuerza y ya no puede llevar a cabo su tarea de forma correcta. Sin embargo, esto también puede suceder con los hijos de madres más jóvenes. En el ginecólogo se llevan a cabo análisis del líquido amniótico mediante los cuales se puede reconocer dicha malformación. Aunque el riesgo es más elevado, las estadísticas muestran que la mayoría de los hijos de las madres de mayor edad vienen al mundo sin ningún problema de salud.

Sin embargo, el riesgo de que la futura madre sufra hipertensión o diabetes gestacional se duplica a partir de los 35 años de edad. Pero aquí tampoco hay ningún motivo para que cunda el pánico, ya que el ginecólogo está al tanto de esta situación y examina a la paciente de forma más exhaustiva para evitar posibles consecuencias o complicaciones. Además, por distintos motivos de salud, como que la placenta esté muy profunda o por complicaciones del sistema nervioso, puede ser necesario practicar una cesárea. También puede darse este caso en una mujer más joven, pero, tal y como ocurre con la diabetes gestacional, estas complicaciones son más frecuentes a una cierta edad.

Los psicólogos, sin embargo, opinan que los mejores padres son los mayores. La explicación es clara y sencilla: quien ha vivido mucho también puede enseñar mucho. A esto hay que añadir que las chicas de 20 años todavía tienen que encontrar su camino y probar muchas cosas, pero las de 30 o 40 años ya han dejado esta fase atrás. Por este motivo están más preparadas para postergar sus propias necesidades. Por supuesto, esto no ocurre con todas las parejas.

La píldora anticonceptiva

Tu pareja toma la píldora y sin embargo se ha quedado embarazada. ¿Imposible? – No, de hecho puede ocurrir. Aún cuando este método anticonceptivo, con un 99,9 % de fiabilidad, ofrece una protección especialmente buena con respeto a otros métodos anticonceptivos. Por suerte, la píldora no afecta a la fertilidad de la mujer. Es muy poco frecuente que una mujer se quede embarazada tomando este preparado hormonal. En la mayoría de los casos, detrás de ello se esconde un *pequeño* error a la hora de tomarlo. Si la píldora se toma correctamente, resulta muy segura, pero algunos factores limitan su efectividad.

Factores que limitan la efectividad de la píldora anticonceptiva:

- Toma tardía u olvido
- **Interacciones** con medicamentos como antibióticos o antihistamínicos
- Trastornos del estómago o del intestino o inflamaciones
- Desórdenes metabólicos como la fibrosis quística
- No observancia de la **fecha de caducidad**
- Consumo elevado de tabaco
- **Peso muy bajo**
- Conservación incorrecta

No obstante, lo normal es que una mujer no pueda quedarse embarazada en un plazo de tres a doce meses después de haber dejado la píldora. Esto reside en que el ciclo femenino se ve alterado con la toma de las hormonas y debe normalizarse de nuevo. Antes de dejar la píldora se recomienda informar al ginecólogo para que pueda informar a su paciente de la mejor forma posible de los posibles efectos secundarios. Lo importante es que acabe el último paquete para que llegue el período de sangrado habitual.

Síntomas del embarazo

La ausencia del período es el signo más claro del embarazo de tu pareja, pero todavía podéis daros cuenta mucho antes. El cansancio constante, el malestar (en especial por las mañanas), una sensación de saciedad o una sensación de tensión en los pechos son a menudo un síntoma de embarazo, en especial si todo eso se da al mismo tiempo. También el hecho de orinar con mayor frecuencia, mareos, un hambre canina o náuseas en el caso de alimentos que antes se comían sin ningún problema pueden ser un indicativo de ello. Sin embargo, a menudo, esto sucede más tarde.

Las mejores apps para el embarazo:

- Mi embarazo y mi bebé día a día
- Asistente del embarazo
- Mamás en forma
- Embarazo+
- Mi embarazo al día
- Contador de caracteres 9m

Primer trimestre

- \# Tu pareja debe comunicar el embarazo en su puesto de trabajo
- \# Buscar asistencia médica

Segundo trimestre:

- \# Buscar un curso de preparación para el parto
- \# Buscar una clínica o un hospital para el parto
- \# En caso necesario, buscar una plaza de guardería

Tercer trimestre:

- \# Conseguir el equipamiento básico del bebé (¡Lavar la ropa antes de ponerla por primera vez!)
- \# Cumplimentar las solicitudes para prestaciones por hijo o prestaciones parentales
- \# Preguntar en el seguro médico cómo se puede asegurar al bebé
- \# Si quieres solicitar una prestación por hijo, infórmate para hacerlo con la antelación suficiente
- \# Planifica el transporte a la clínica
- \# Buscar un pediatra para las primeras pruebas que deben hacérsele al bebé
- \# Si los padres no están casados, ambos deberán comparecer en el Registro Civil para la inscripción del bebé

¡Hurra, por fin embarazada!

La prueba del ginecólogo lo ha confirmado. Tu pareja está embarazada y vais a tener un bebé. *¿Qué va a cambiar ahora? ¿A qué debes prestar atención? ¿Qué puedes hacer para apoyar a tu pareja?* Ahora que vas a convertirte en papá quieres encontrar respuestas a estas preguntas y, en particular, te interesa saber qué va a ocurrir a partir de ahora en el cuerpo de tu pareja.

El primer trimestre

Aunque al principio no pueda observarse muy bien a simple vista, en los primeros tres meses cambian muchas cosas en el cuerpo de tu pareja. Se prepara para vuestro bebé y debe adaptarse para ello por completo. El resultado: un creciente nivel de hormonas que provoca inestabilidad emocional, un metabolismo cambiante, cansancio, dolores de cabeza, mareos y náuseas y se desarrolla la placenta, que con su hormona, hCG es responsable de las náuseas. Los pechos se preparan para la producción de leche, con lo que crecen y son especialmente sensibles. Debido a los cambios hormonales se produce también un mayor flujo vaginal. Mientras este sea blanco y no produzca dolor es indicativo de una flora vaginal sana y no es ningún motivo para que cunda el pánico, aunque puede resultar molesto para tu pareja.

Los primeros meses constituyen la fase crítica del embarazo. Esto radica en que el cuerpo ahora tiene una tarea especialmente importante, dado que tienen que formar los órganos, extremidades y células nerviosas del feto. Esto ocurre hasta la doceava semana del embarazo y ya a partir de la quinta podéis escuchar los latidos del corazón de vuestro bebé por medio de ultrasonidos.

Hacia finales del primer trimestre el feto está completamente formado, tiene unos nueve centímetros de longitud y pesa 50 gramos.

El segundo trimestre

A partir de la catorceava semana de embarazo se habla del segundo trimestre. Ahora el organismo de tu pareja se ha acostumbrado a que el bebé crezca en ella y se siente considerablemente mejor. También las náuseas desaparecen en la mayoría de las mujeres embarazadas. Las molestias más frecuentes que aparecen ahora se experimentan en los órganos, que son presionados por el bebé. Esto se manifiesta en dolores en distintos puntos del abdomen, una mayor gana de orinar y ardor.

Pero hablemos de la parte positiva: mientras que en el primer trimestre puede constatarse una pequeña protuberancia en el abdomen, ahora esta crece haciendo que se note con más claridad que tu pareja está embarazada. Crece en especial la parte de debajo del ombligo y adopta una forma redondeada. El cambio exacto del abdomen depende sobre todo de la estatura, el estado físico, la conducta alimentaria y la situación del bebé, que puede ser diferente de una mujer a otra o de un embarazo a otro.

Además del entusiasmo por la visibilidad de la barriga de embarazada, también podrás alegrarte de poder sentir al bebé tú mismo. Este es el momento en el que empieza a notarse porque da patadas que no solo tu pareja puede notar, sino también tú mismo si colocas tu mano en su abdomen. También ahora el ginecólogo puede reconocer el sexo del bebé, eso sí, a condición de que el bebé esté de buen humor y quiera mostrarlo.

Hacia el final del seguno trimestre tiene aproximadamente el tamaño de una berenjena, pesa hasta 500 gramos, puede tocar, sentir y oír lo que decís. Por ello, es el momento perfecto para empezar a contar historias o cantarle.

> ### Control de la glucosa en sangre
>
> Un nivel alto de azúcar en sangre puede provocar complicaciones, una diabetes crónica o hipertensión y, por ello, se lleva a cabo un test de tolerancia a la glucosa entre la vigesimocuarta y la vigesimoctava semana de embarazo. Para ello, tu pareja tiene que beber glucosa y luego se determinará si su cuerpo puede reducir su nivel adecuadamente. Si el valor asciende, el médico la controlará, normalizará la situación y, en caso necesario, incluso la tratará con insulina.

El tercer trimestre

El sprint final del embarazo, el tercer trimestre, es descrito a menudo por las embarazadas como el más duro. Prepárate para el hecho de que tu pareja quiera estar constantemente tumbada y que a menudo tenga mal humor.

¿Por qué ahora todo es tan duro para ella? Hacia el final del segundo trimestre ya había empezado la cosa, pero ahora ya se nota de verdad: sus órganos están en medio y tienen que hacer hueco al bebé. El pulmón se presiona hacia arriba, lo que puede dar dificultades a la hora de respirar e incluso puede provocar problemas circulatorios y taquicardias. El estómago, que tiene la posición más difícil en la zona del abdomen, suele ser el que más sufre en la mayoría de los casos. Se comprimirá, con lo cual habrá menos hueco para la ingesta de alimentos y aumenta la acidez estomacal en el esófago. La consecuencia: una sensación de saciedad y ardor. También el intestino será presionado hacia atrás por el útero o hacia arriba y quedará muy restringido. Así se produce estreñimiento de manera automática y todavía más sensación de saciedad. Se aconseja una dieta rica en fibra y beber mucho líquido.

Las primeras contracciones, que son las contracciones no periódicas, aparecen hacia el final del tercer trimestre y se encargan de que el cuerpecito del bebé se desplace hacia la pelvis. Entonces se produce una calma absoluta. Ayuda a tu pareja con las tareas para que pueda relajarse. No en vano, no deberá ir a trabajar durante las seis últimas semanas de embarazo.

Cuando la futura madre ya no se encuentra bien, el bebé está cada vez mejor. A partir de la semana trigésimo segunda puede decirse que todo ya está listo y puede esperar cómodamente al nacimiento. El sistema nervioso, el cerebro y los órganos están listos y solo falta que adquieran peso y crezcan. A partir de la trigésimo séptima semana, en teoría, el bebé podrá venir al mundo sin ninguna limitación. Entonces tendrá aproximadamente 50 centímetros (¡como un melón!) y pesará alrededor de 3000 gramos.

Aumento de peso

En general, no puede responderse a la pregunta de cuántos kilos ganará tu pareja durante el embarazo. Por supuesto, está claro que engordará, pero la cantidad y el lugar en el que se depositen los kilos dependen de la persona. Si es muy deportista y siempre ha cuidado su alimentación, engordará menos y lo hará más tarde, ya que los músculos entrenados y un tejido conjuntivo fuerte mantienen los kilos a raya, aún ahora que no puede cuidar tanto de su cuerpo.

También la alimentación que se lleva durante el embarazo tiene una gran influencia en el aumento de peso. Muy al contrario de lo que suele afirmarse, no necesita comer *por dos*, ya que el bebé toma por sí mismo lo que necesita. Si sucumbre a la tentación de comer dulces y patatas fritas, engordará mucho más que si se alimenta de manera sana. Comiendo sano mataría dos pájaros de un tiro, ya que las vitaminas y los minerales son especialmente importantes para ella y vuestro bebé.

¡Procurar tomar suficiente hierro, vitamina B12 y ácido fólico!

El cuerpo necesita de ello para la formación de glóbulos rojos, que transportan el oxígeno desde los pulmones hasta las células somáticas. Durante el embarazo debe formarse más sangre para que pueda crecer el bebé. Si hay una escasez de estas sustancias, se formarán muy pocos glóbulos rojos y podrá producirse una anemia. Los síntomas de la anemia son, entre otros, cansancio, problemas de concentración, palpitaciones, mareos y dificultades respiratorias.

Solidaridad con la embarazada

Tu pareja engorda, come más y el bebé crece en su interior. Se encuentra mal, tiene ardor y el dolor de cabeza no tarda en aparecer. En un acto total de solidaridad, muchos hombres la acompañan: el abdomen les crece, los kilos parece que surgen de la nada y, de repente, también aparecen las náuseas y otras molestias típicas del embarazo.

De hecho, este fenómeno se conoce con el nombre de *síndrome de Couvade* y no es tan raro. La ciencia explica que, durante el embarazo, tu pareja libera las denominadas *feromonas*, encargadas de los cambios hormonales en tu sangre. Por eso, puede darse el caso, de que sin comer más engordes y te sientas un poco como si estuvieses embarazado. ¿Terrible? ¡Para nada! De esta manera tú también estableces antes un vínculo con tu bebé y te preparas de otra manera para su llegada.

Pero cuidado: si de repente cada noche antes de ver la tele empiezas a comer mucho con tu pareja, eso posiblemente no tenga nada que ver con el síndrome de Couvade. Entonces también tú empiezas a engordar en solidaridad con tu pareja, pero piensa que ella, después del parto, podrá deshacerse rápido de los kilos, pero para ti será mucho más difícil perderlos.

Cosas que pueden hacerse y cosas que no

Vacaciones

El mejor momento para ello es el segundo trimestre. Tu pareja se siente bien: se han superado los primeros cambios y todavía no ha llegado el malestar del tercer trimestre. Sin embargo, deberíais renunciar a ir a una montaña alta (debido a la escasa presión atomsférica), al clima tropical por encima de los 28 grados, a viajes estresantes y de aventura, así como a países para los que se recomiendan medicamentos y vacunas.

Los vuelos no suelen tener consecuencias negativas en los embarazos normales. Sin embargo, como el embarazo puede tener riesgos, debe visitarse al ginecólogo antes del viaje. En caso de volar debe procurarse que las piernas tengan un espacio suficiente, llevar ropa cómoda y levantarse a menudo para moverse. A partir de la trigésimo quinta semana de embarazo, en todas las compañías aéreas existe la prohibición de volar para las embarazadas.

Tomar el sol

Debe utilizarse una alta protección solar, ya que la piel de tu pareja puede quemarse rápido debido a las hormonas. Para proteger al bebé, lo mejor es cubrir la barriga con una toalla. Además, un sitio a la sombra será mucho más apropiado para su circulación que estar a pleno sol.

No más relajación con el hidromasaje

El agua caliente se cambia con poca frecuencia y es un caldo de cultivo para gérmenes que pueden provocar una infección muy rápido en las embarazadas.

No más levantar pesos pesados

Muchas embarazadas afirman que tienen dolor abdominal después de haber levantado cargas pesadas. No hay estudios sobre este tema, pero hay que seguir esta regla a rajatabla. Tu pareja tiene que escuchar a su cuerpo y este le muestra lo que es pesado para ella. Esto es diferente en cada embarazo.

Cuanto más en forma, mejor

En adelante, tu pareja deberá mantenerse en forma y practicar un deporte de resistencia suave como bicicleta o natación. También se permite el yoga, ejercicios de fuerza, breves sesiones de footing, baile y aerobic, pero deben evitarse ejercicios de abdomen y saltos. Lo mejor es que habléis con vuetro ginecólogo acerca de la frecuencia con la que puede entrenar. A no ser que el médico recomiende calma absoluta, el entrenamiento tendrá un efecto positivo en el bebé.

La posición de descanso ideal

Como mejor se sentirá tu pareja es tumbada hacia el lado izquierdo. ¿Por qué? A la derecha, a lo largo de la columna vertebral, y con ello detrás de del útero, discurre la vena cava superior, la mayor vena del cuerpo humano. Si tu pareja está tumbada sobre la espalda, esta vena se presionara. Esto no solo es incómodo, sino que también es peligroso, ya que se obstaculiza el retorno sanguíneo al corazón. Sin embargo, si tu pareja se tumba de lado, especialmente de lado izquierdo, la vena cava no sufrirá. Dormir sobre la barriga no supone ningún problema siempre y cuando resulte cómodo, ya que el bebé está bien protegido por el líquido amniótico.

Cualquier cigarrillo es perjudicial

Tu pareja debe dejar de fumar por completo, ya que la nicotina es muy perjudicial para el bebé. También tú debes tener cuidado cuando fumas. A pesar de que estés fuera cuando fumas, puedes introducir una cantidad dañina de nicotina y partículas cancerígenas. Ya la pequeña cantidad de sustancias nocivas que absorbe tu pareja puede ser suficiente para que el bebé sufra daños. Si tú también estás intentando dejar de fumar, este es el momento.

Alimentación

No se puede beber alcohol y se recomienda una dieta con mucho hierro, vitamina B12 y ácido fólico. ¿Qué más? La carne y el pescado proporcionan proteínas de alta calidad y ácidos grasos Omega-3, con lo cual deben incluirse en la lista de la compra. Lo importante es que los alimentos se calienten correctamente, ya que los productos crudos pueden contener listeria y puede producirse una infección. Para nosotros no es tan malo, pero para el bebé sí. En el peor de los casos puede incluso provocarle la muerte. Debe evitarse el consumo de embutidos crudos o curados como salami, chorizo o jamón serrano porque no se han cocido, así como productos fabricados a partir de leche cruda. Al comprar queso, yogur y cuajada, debéis comprobar que estos productos procedan de leche pasteurizada y no cruda.

En el caso de las frutas y verduras se aplica la norma contraria: lo crudo es lo más sano. Al calentar se pierden muchas vitaminas. Antes de comer, hay que lavarse correctamente para que no quede ningún germen.

Cuidado con los medicamentos

A veces se necesita tomar medicamentos y esto puede ocurrir también en el embarazo. Aquí deberán seguirse al pie de la letra las indicaciones del ginecólogo. Esto se aplica a todos medicamentos, pero en especial a tipos de medicamentos más agresivos, como los antibióticos.

Si tu pareja suele tomar algún tipo de medicamento, consultad directamente con el ginecólogo en la primera cita acerca de su uso.

Café y té

Debido a que la cafeína puede introducirse en la circulación sanguínea del bebé a través de la placenta, debe limitarse el consumo de café durante el embarazo. Un consumo excesivo de café hace que el bebé esté inquieto. Distintos estudios incluso prueban que demasiada cafeína puede producir efectos negativos en el peso del bebé al nacer. A esto se suma que se impide la asimilación de la vitamina C, el calcio o el hierro si el café se toma directamente en las comidas. Como norma general, no debe tomarse ninguna bebida con cafeína unas dos horas antes y después de las comidas. Unos 300 mg de cafeína al día resultan inocuos: el equivalente a tres tazas de café. Pero cuidado: también la coca-cola, el cacao y el chocolate tienen cafeína, así como el té negro y verde. Otras infusiones y variedades de té son inocuas.

Totalmente prohibido:

- **Verbena:** provoca contracciones
- **Ginseng:** puede producir androginia
- **Hierba de San Juan:** puede tener efectos tóxicos
- **Pasionaria:** tiene efecto estimulante en el útero
- **Infusión de romero:** puede provocar calambres y contracciones
- **Regaliz:** aumenta la permeabilidad de la placenta
- **Infusiones diuréticas:** cargan los riñones

Tomar con precaución:

- **Infusión de frambuesa y de hojas de zarzamora:** dado que estimula las contracciones, consultar con el médico a partir de la trigésimo séptima semana.
- **Salvia:** tomar en pequeñas cantidades, ya que tiene un efecto estimulante en el útero
- **Genjibre:** se permite hasta 6 gramos de la raíz, de lo contrario estimula las contracciones
- **Té verde y negro:** debe prestarse atención a la cafeína
- **Hibisco:** solo en pequeñas cantidades, ya que estimula el útero y además reduce el nivel de estrógenos

¿Chica o chico?

Queréis preparar las primeras cosas para la llegada del bebé, pintar el dormitorio, comprar los primeros animales de peluche y monos para el bebé. Si no queréis optar por colores neutros, este es el momento en el que se plantea la pregunta del sexo del bebé. Hoy en día, el médico, mediante ultrasonidos podrá determinar con un alto índice de probabilidad si el bebé que crece dentro de tu pareja es chico o chica. Pero solo si el bebé colabora. A menudo se escucha cómo el pequeño pícaro se coloca de tal manera que al médico le resulta imposible reconocer el sexo. Si vuestro bebé no quiere mostrarse y persiste en su actitud, no sabréis si pintar la habitación rosa o azul. Es una tonería, pero no se puede hacerse nada. Sin embargo algunos mitos y habladurías defienden que puede saberse. Aquí se recogen algunos de esos mitos:

Parece que va a ser chica:

- Tu pareja engorda y no solo en la zona de la barriga, le salen granos, tiene la piel grasa y le salen pelos
- Tiene antojos de dulce, como de chocolate, ositos de gominola y helado
- A la hora de comer prefiere las especias picantes
- Orina turbia
- De repente le caen mal otras mujeres
- Sus pechos crecen tanto que parece que estén rellenos de silicona
- Su barriga se vuelve muy redondeada
- Ofrece a tu pareja una rosa y un lirio y ella tomará la rosa
- Si enganchas un anillo a un hilo o una cadena y lo mueves sobre la barriga de tu pareja, este se moverá en círculos

Parece que va a ser chico:

- Tu pareja come fundamentalmente platos salados y fuertes

- Los platos llevan poco condimento

- Le crece pelo fuerte en las piernas

- Ardores

- Tiene los pies constantemente fríos

- El ritmo cardiaco del bebé es de 140 latidos por minuto

- Orina clara y transparente

- A tu pareja le caen mal otros hombres

- Te engordas junto a tu pareja

- Al principio del emabarazo, es muy poco frecuente que tu pareja se encuentre mal

- Tiene una barriga más bien puntiaguda

- En la prueba de la rosa y el lirio, escogerá el lirio

- En la prueba del anillo enganchado al hilo o cadena, este se mueve recto de un lado a otro

Por supuesto, sois libres de creer en estas supersticiones y decidir en base a ello el color de la habitación del bebé.

Embarazo de riesgo

Como ya sabemos, en el caso de mujeres de más de 35 años pueden producirse complicaciones que provocan un efecto negativo en su embarazo. De esta forma aumenta también el riesgo de una anomalía cromosómica en el bebé y de una diabetes gestacional en la futura madre, de ahí que el embarazo se considere *embarazo de riesgo*. Pero también cuando una mujer tiene menos de 18 años, tiene un embarazo múltiple, enfermedades crónicas previas o ya ha tenido un parto por cesárea o un embarazo con complicaciones, el bebé se encuentra en una posición difícil poco tiempo antes del parto o el grupo sanguíneo de la madre y el bebé no son compatibles, se hablará de un embarazo de riesgo. Si cualquiera de estos puntos es vuestro caso, debéis proceder con cuidado y tomar las medidas adecuadas.

CONSEJO: Cosas que podéis hacer los dos:

- Hacer más a menudo pruebas preventivas, si es posible juntos

- Si no estáis convencidos con el ginecólogo, se aconseja pedir una segunda opinión

- Buscar una matrona

CONSEJO: Cosas que tú puedes hacer:

- Tranquiliza a tú pareja y muéstrale que estás ahí para ayudarle. No debe alterarse bajo ninguna circunstancia. También es tarea tuya recopilar la información importante y conservarla o anotarla, ya que ella ahora no tiene la cabeza para eso.

- Ocúpate de que tu pareja pueda relajarse. Ayúdale con las tareas domésticas para quitarle cargas y explícale que en el trabajo también tiene que bajar un poco el ritmo

- Prepárale algo sabroso para comer con fruta y verdura fresca que pueda tomar de forma repartida a lo largo del día. Así evitas que se lance a la comida basura cuando tenga hambre y no tenga ganas de cocinar nada.

Compatibilidad de grupo sanguíneo

Al comienzo del embarazo se llevarán a cabo pruebas para determinar el grupo sanguíneo y el factor Rh. Si la futura madre tiene un grupo sanguíneo negativo y el bebé positivo, pueden producirse problemas si la sangre del bebé entra en contacto con la sangre de la madre. Esto ocurre porque el organismo de la madre identifica al bebé como un intruso y crea anticuerpos para hacerle frente. Por ahora este no es ningún motivo para que cunda el pánico: la mezcla de sangre tiene lugar raras veces y, si se da el caso, esto no es peligroso para el embarazo. Es cierto que se crearán anticuerpos, pero estos no llegarán al bebé.

Y aquí llega el gran pero: si hay un nuevo embarazo y el bebé tiene Rh positivo, el organismo creará anticuerpos más fuertes porque ya sabe cómo hacerlo y estos sí llegan al bebé. Lo peligroso de esto es que ataquen a los glóbulos rojos que necesita el feto para su desarrollo. Dependiendo de la magnitud, el bebé puede sufrir fuertes daños o incluso morir.

Para que esto no ocurra, existe el denominado *profiláctico anti-D*. Para ello se inyecta inmunoglobina (anticuerpos contra el factor Rh) para que el organismo no pueda aprender cómo crearlos por sí mismo. Con ello, en caso de un segundo embarazo ya no habrá motivos para preocuparse.

¿Cuándo puede ocurrir de nuevo?

Desde el punto de vista estrictamente médico, después de un parto tu pareja puede volver a quedarse embarazada directamente. Pero piensa lo siguiente: su cuerpo puede estar muy debilitado debido al embarazo y necesita algo de tiempo para recuperarse. Se aconseja un mínimo de medio año, aunque es preferible esperar todavía más para que los tejidos se vuelvan a reforzar y las hormonas vuelvan a su nivel normal. Un estudio de Estados Unidos probó que lo ideal es una pausa de 18 a 23 meses para evitar complicaciones.

En caso de aborto, desde el punto de vista médico, no hay ningún motivo para esperar. Sin embargo, lo importante es que tu pareja pueda determinar si está preparada para concentrarse en el bebé. Por ello, los psicólogos recomiendan esperar algo de tiempo. El riesgo de sufrir un nuevo aborto no aumenta. Sin embargo, si hay motivos graves de salud y se quiere tener hijos, se aconseja en todo caso consultar con el ginecólogo.

Relación de pareja durante el embarazo

Muchas parejas se dan cuenta de que con la feliz noticia del embarazo su relación cambia por completo. Cualquier pequeña discrepancia da lugar a discusiones y conflictos largos y duraderos. Es normal, ya que os esperan desafíos completamente nuevos, pero ahora os necesitáis el uno al otro y también el bebé disfrutará si la relación es feliz.

Simplemente debes apoyarla

No me canso de repetirlo: para tu pareja cambia todo. Ya no reconoce su propio cuerpo, se encuentra mal constantemente, ya no le gusta su comida preferida y su colonia favorita ya no huele bien. Para muchas mujeres esto es una auténtica pesadilla. Protege a tu pareja de cosas que pueden influir de forma negativa en su humor. Basta de malas noticias sobre problemas financieros u otros problemas no solucionados. Y aunque antes del embarazo reaccionase bien a las crisis, tuviese la cabeza fría y encontrase buenas soluciones a las cosas, eso es lo que ocurría antes del cambio hormonal y ya no se da. Procura un ambiente en el que ya no se encuentre bien solo de manera excepcional y sé siempre la persona a la que siempre puede dirigirse con inquietudes y preocupaciones y que simplemente está ahí.

Tampoco puede hacer nada frente a su actual apatía. Ayúdale en las tareas domésticas para que no tenga que hacer todo sola y muestra interés. Acaricia su barriga, acompáñala siempre que puedas a pruebas preventivas y pregúntale cómo se encuentra, aunque la respuesta siempre vaya a ser la misma.

Un punto muy importante es que habléis entre vosotros. Quien dice que el silencio es oro no puede estar más equivocado. Por supuesto, tal y como se ha mencionado, no es necesario hablar todo el tiempo sobre el tema, pero, en general, mi consejo es: hablad, hablad, hablad y seguid hablando. Por cierto, para tí también puede ser muy liberador hablar con otros padres, quizá incluso con tus propios padres. Ellos conocen muchos de tus miedos y pueden hablarte desde su propia experiencia.

CONSEJO: De ningún modo: cosas que debes evitar a toda costa en el trato con tu pareja

- Regalarle para su cumpleaños cosas para el bebé: es SU cumpleaños

- Admirar a mujeres que después del parto vuelven a tener una figura estupenda en poco tiempo

- Hacer bromas acerca del tamaño de la barriga

- Llamarle *mamá* constantemente

- Verla solo como la madre de tu bebé

- Decirle que se preocupa demasiado

- Intentar calmarla diciendo *no te alteres* : esto provoca precisamente el efecto contrario

- Renunciar a tener sexo: incluso aunque ella no tenga ganas, se sentirá halagada con la propuesta

- Preguntarle si está desbordada con las hormonas

- Tontear con otras madres (o mujeres) : esto siempre puede provocar enfados
- Valorar a las niñeras por las fotos
- Comerte sus dulces
- Dar la razón a tu madre cuando las dos discuten acerca del tema de la educación

Durante el embarazo debes tener fundamentalmente una cosa: comprensión. Aquí tienes algunas cosas que debes saber en cualquier caso.

Náuseas

Si se queja de lo mal que se encuentra, tómala en serio, ya que se pasa mal de verdad. Con un poco de suerte, ella experimentará estas náuseas solo por las mañanas o por las tardes, pero muchas mujeres tienen náuseas durante todo el día. Debes estar con ella y preocuparte de que tenga algo rico para comer cuando tenga hambre.

Olores intensos

Las velas aromáticas, el queso, la carne asada o el perfume fuerte: tu pareja ahora percibe los olores de otra manera y con más intensidad que antes. Tenlo en cuenta y encárgate de que tenga aire fresco, que es bueno para ella y hace que esté de buen humor.

Hambre intensa

Las hormonas provocan un hambre increíble e intenso contra el que tu pareja no tiene nada que hacer. Puedes ayudarla preparando comidas que le apetezca comer. Estas comidas pueden basarse en combinaciones poco frecuentes y cambiar cada hora. Solo piensa una cosa: ¡No lo hace por fastidiar y mandarte todo el rato al supermercado, simplemente no puede evitarlo!

Cambios de humor

Puede resultarte confuso que la sincera sonrisa de tu pareja se transforme en cuestión de segundos en una profunda preocupación e incluso acabe en llanto y luego vuelva a estar feliz como si nada hubiese ocurrido. Durante el embarazo esto es muy normal. Tienes que aceptarlo y mostrar toda la comprensión que puedas por todas esas emociones. Apóyala, habla con ella, haz algo bonito y retírate si dirige toda su ira contra ti. No la alteres entrando en discusiones ya que esto tampoco es bueno para el bebé.

Demencia del embarazo

Suena alarmante, pero está comprobado científicamente: durante el embarazo tu pareja se vuelve muy olvidadiza y esto es responsabilidad de las hormonas. Si se olvida de una fecha importante o de algo que le dijiste ayer, no se lo tengas en cuenta. Esto no haría nada más que irritarte.

Tiempo para vosotros

Hacerse carantoñas, tener sexo y hacerse caricias: durante el embarazo los momentos íntimos a menudo son muy breves. Esto se debe, por un lado, a que puede que te parezca extraño acostarte con ella cuando su barriga es cada vez más grande y tu pareja está tan preocupada por los cambios que está experimentando que sus ganas de tener sexo desaparecen sin que sea consciente de ello. Muéstrale que te gustaría estar a su lado. De una caricia inofensiva a menudo se llega a más, pero, en cualquier caso debes preocuparte de que se sienta bien.

El factor de la atracción

El cuerpo de tu pareja cambia: su barriga se hace más redonda, sus muslos, su trasero y sus caderas acumulan más agua y grasa y se siente como una foca.

Muéstrale que para ti sigue siendo atractiva. Dile lo que más te gusta de su cuerpo y nunca menciones que ha engordado.

Preparar el nido

Es algo que suele hacerse y en lo que también habrá pensado tu pareja: quiere preparar la habitación del bebé y decorar toda la vivienda y con ello no se para a pensar en las cosas que debería retirar. Ayúdale aunque no tengas ninguna gana. Empieza a pintar las paredes y a quitar los muebles, de lo contrario será ella quien haga todo. Si lo tiene en mente, querrá llevarlo a cabo.

Sexo durante el embarazo

El sexo puede ser un tema controvertido en el embarazo y no solo porque tú lo necesitas y ella no quiere. Dependiendo del mes de embarazo, tu pareja necesita mucha cercanía y también relaciones sexuales.

¡Especialmente en el segundo trimestre puedes probarlo! Esto se debe, en primer lugar, a que las hormonas y la mejora de la circulación sanguínea se encargan de que para ella el acto sexual sea más intenso que antes. Mi consejo en este momento es que lo disfrutes, ya que hacia el final del embarazo puede esperarte una verdadera época de sequía.

Cuando no se encuentre a gusto con su propio cuerpo, sea inflexible y se sienta gorda y poco atractiva, es difícil que puedas salirte con la tuya. Y también la mayoría de los hombres pierden el deseo de alguna manera. Por un lado, cambian tantas cosas en tu vida que tus preocupaciones casi no dejan espacio para nada más. Por otro lado, muchos hombres tienen miedo de hacer daño al futuro bebé.

¡La idea de chocar con su propio sexo con el cuerpo del bebé es en realidad el motivo más frecuente del temor de los hombres a tener sexo durante el embarazo! Déjame ahuyentar tus miedos desde ahora mismo: vuestro bebé está completamente seguro en el útero. Está rodeado de líquido amniótico, que lo protege lo suficiente. ¡Desde el punto de vista anatómico es imposible rozarle!

- **Aborto debido al sexo durante el primer trimestre:** ¡Tonterías! Mientras el embarazo transcurra con normalidad, no existe ningún motivo para preocuparse.

- **El sexo daña al bebé:** ¡En absoluto! Si hay algún motivo por el cual no debáis tener sexo, el ginecólogo os informará de ello. Esto puede ocurrir si el cuello uterino está abierto, hay una infección o tendencia a las contracciones prematuras.

- **El bebé os ve cuando practicáis sexo:** No, no lo hace.

- **En el último trimestre, la práctica de sexo puede provocar el parto:** también falso. Es cierto que en el esperma se encuentra una hormona llamada prostaglandina, que provoca contracciones, pero en una cantidad muy reducida. Las contracciones pueden producirse únicamente cuando tu pareja esté lista para ello

Posturas prácticas

Cuando tengáis ganas de practicar sexo, la enorme barriga con el bebé estará en medio y las piernas no estarán donde siempre. Pero, yendo al grano, hay algunas posiciones que os pueden facilitar el juego amoroso. En primer lugar están las posturas en las que ella se sienta encima, sin importar si te está mirando o no, así como la posición del jinete o cuando ella se coloca de espaldas, como en la posición de la reina orgullosa. La ventaja: ella marca el ritmo y puede jugar con la intensidad. Además, de esta manera no se produce ninguna presión en el abdomen. También la posición del misionero funciona muy bien, pero aquí debes ser especialmente cuidadoso y prestar atención a cómo se encuentra ella. También son recomendables la postura del perrito y, especialmente, la postura de la cucharita. También aqui es importante que habléis entre vosotros. Solo así podrás ver si ahora tiene otras preferencias y lo que le gusta. Explícale con calma lo que más te apetezca en ese momento. Juntos podréis encontrar la posición óptima.

Lo que los hombres encuentran especialmente atractivo en las embarazadas

- La alegría por vivir que irradian
- Su aroma especial
- La fertilidad y madurez que encarnan
- El hecho de saber que una parte de ellos crece en ella
- A menudo incluso su barriga redondeada
- Y por supuesto: los pechos más grandes

El parto

Queremos personas que digan libremente

lo que piensen – siempre y cuando

piensen como nosotros.

Mark Twain

Preparación para el parto

Pruebas preventivas, citas para los ultrasonidos, coger el bolso para ir al médico. Antes del nacimiento tenéis muchas cosas que hacer. Para ello debe responderse a preguntas importantes como: ¿Dónde nacerá vuestro hijo? ¿Cómo quiere dar a luz tu pareja? Para que ella se encuentre lo mejor posible, deberá haber pensado estas cosas de forma concienzuda. Para que puedas ayudarle con esta tarea, quiero mostrarte las distintas posibilidades.

Lista de comprobación: ¿Qué citas preventivas debe seguir tu pareja o debéis seguir ambos?

\#   **Primer examen médico**

- Análisis de sangre y orina

- Ecografía

- Recomendaciones generales de alimentación

El médico o la matrona determinarán si se necesita algo más. Por medio de estos análisis se busca determinar si hay anemia, el grupo sanguíneo y el Rh.

\# **Siguientes visitas**: Dependen del curso del embarazo y son más frecuentes al final.

A partir de la semana 20, en cada visita se escucharán los latidos de corazón del bebé y se harán más análisis de sangre y orina en la mitad y final del embarazo.

Casi al final de la gestación se hará una prueba para la detección del estreptococo del grupo B, cuya presencia obligará a administrar antibiótico durante el parto para que el bebé no se infecte.

Al final del embarazo se decidirá si es necesario realizar una prueba para valorar el bienestar fetal (los registros cardiotocográficos o monitorización fetal). Es opcional a partir de la semana 40 y depende de las características del embarazo.

En un embarazo normal o de bajo riesgo suelen hacerse tres ecografías que son las siguientes:

\# 1) **Entre la semana 11 y 14**:

- Objetivo: Confirmar el tiempo de embarazo, ver si hay uno o más embriones y si están vivos y medir la translucencia nucal

\# 2) **Alrededor de las 20-22 semanas**. Objetivo: detectar anomalías morfológicas físicas en el feto.

3) **Entre la semana 32 y la 36:** Se informará de cómo es el crecimiento fetal, la posición de la placenta y la cantidad de líquido amniótico.

Dependiendo de las condiciones del embarazo, el médico o ecografista determinarán si deben realizarse más ecografías.

¿Dónde tendrá lugar el nacimiento?

Hospital

Más del 90 % de los futuros padres deciden traer a su bebé al mundo en un hospital. Esto no se debe a que sea el mejor lugar para dar a luz, sino que las mujeres se sienten especialmente seguras con todos los médicos que hay a su servicio. También en caso de complicaciones, es la instalación mejor equipada.

Elección del hospital

Los hospitales ofrecen información y, con ella, los futuros padres pueden informarse ellos mismos acerca del parto. Visitad distintos hospitales, informaos de sus posibilidades y procesos y mirad vosotros mismos las instalaciones. Pensad una cosa: ¡Tenéis que sentiros a gusto!

Centro de maternidad

Cada vez son más populares los centros de maternidad. Se trata de una instalación independiente llevada por matronas. Las habitaciones en las que los bebés llegan al mundo tienen una disposición muy cómoda. También podéis llevar objetos privados y escuchar vuestra música preferida durante el parto.

Las matronas se encargan de disponer el parto de la parturienta. Dado que los centros de maternidad suelen encontrarse cerca de una clínica, en caso de complicaciones podrá accederse de forma rápida a su equipamiento y a la asistencia médica.

Parto domiciliario

Lo que hoy se ve desde un punto de vista más crítico es el modelo tradicional de parto. Todavía hasta el siglo XX era muy normal dar a luz en casa. Entretanto, cada vez más futuras mamis se deciden por el parto domiciliario. Los motivos de ello son fácilmente comprensibles: el parto en el hospital se percibe como impuesto y muchas veces se lleva a cabo una cesárea demasiado pronto.

También todos los aparatos pueden resultar intimidantes y, en un ambiente cercano, la parturienta puede relajarse más.

Por supuesto, en un parto domiciliario lo importante es que haya un apoyo especializado. Aunque hay algunas mujeres que incluso deciden no contar con el apoyo de matronas y médicos, esto es peligroso y nada recomendable.

Si tu pareja quiere dar a luz en casa, ocúpate de que haya una matrona e incluso un equipo compuesto por matrona y médico. En caso de que se produzcan complicaciones, estos podrán reconocerlas y tomar las medidas adecuadas, como por ejemplo el transporte al hospital. Si todo el embarazo transcurre sin problemas, desde un punto de vista médico no hay nada en contra del parto domiciliario: el conjunto de riesgos no es más elevado que en un parto en un hospital o centro de maternidad.

¿Cómo debe tener lugar el parto?

Parto natural

El parto normal, vaginal, también se denomina parto natural, ya que la naturaleza ha previsto esta forma para el parto. Aunque la parturienta padezca los dolores del parto, las endorfinas que se liberan producen una sensación de alegría que hace que todos los aspectos negativos se olviden rápidamente. El vínculo de la madre con el bebé se refuerza con este tipo de parto, al igual que el sistema inmunológico del pequeño gorrión.

	Ventajas	Desventajas
Parto en el agua	- El agua caliente tiene un efecto relajante y calma los dolores - El bebé puede nacer sin muchos problemas gracias a la ayuda de una matrona y un médico	- En caso de mucho dolor no puede ponerse la epidural
Parto sentada	- La fuerza de la gravedad ayuda a la mamá en el parto	- A menudo es incómodo para la futura mamá
Parto tumbada	- Cama grande y cómoda	
Parto de pie	- La presión en la musculatura del útero es más fuerte - Las contracciones son más efectivas	- Puede ser muy agotador para la futura mamá
Parto a cuatro patas	- La embarazada puede aplicar más fuerza - En una cama cómoda	

La cesárea programada

Si antes del nacimiento el bebé se encuentra en una situación complicada o el ginecólogo teme que pueda haber otras complicaciones, es más seguro que el bebé nazca por cesárea. Independientemente de eso, tu pareja también tiene la posibilidad de optar por la cesárea.

El motivo para ello es a menudo el miedo a los dolores del parto, a un desgarro perineal o los posibles efectos en el suelo pélvico y la sexualidad. Ya de entrada: ¡A pesar de todo se producirán dolores! Al tratarse de una intervención quirúrgica, las molestias después del parto pueden incluso ser peores.

Cesárea programada o parto natural

Vamos a analizar con lupa los miedos mencionados para facilitar la toma de una decisión.

Es cierto que el suelo pélvico puede resultar dañado durante un parto natural y la recuperación puede ser larga. Pero no nos olvidemos de que con la cesárea también se produce una herida que debe sanarse y su curación puede ser todavía más costosa. El miedo a los cambios en la vagina y en la vida sexual está fundado, pero esto, en todo caso, solo se produce durante las primeras semanas. La vagina volverá de nuevo a su forma original en un tiempo muy breve. Y la preocupación por el debilitamiento del suelo pélvico no desaparece con la cesárea, ya que el peso del bebé durante el embarazo ejerce presión. Lo más razonable es practicar ejercicios para el fortalecimiento de la musculatura del suelo pélvico.

En contra de una cesárea programada está el hecho de que se trata de una intervención quirúrgica en la zona del vientre y existe el riesgo de dañar otros órganos y no se excluye que pueda haber trombosis e infecciones. También la recuperación del útero puede ser más larga y la ausencia del estrés del parto puede provocar que el bebé tenga problemas de adaptación. Además, los niños que nacen por cesárea suelen tener una mayor tendencia a desarrollar sobrepeso posteriormente o padecer asma, ya que en el parto no han entrado en contacto con la flora bacteriana del canal uterino, que se ocupa de la formación de las primeras defensas del organismo.

Qué puede ayudarnos y resulta efectivo

La matrona

El apoyo de una matrona puede resultar muy útil. Ella puede acompañaros durante y después del parto, puede contestar a todas vuestras preguntas, ayuda en caso de que haya problemas y puede ofreceros muchos consejos útiles.

En especial a tu pareja le dará mucha seguridad y le ayudará a perder muchos de sus miedos.

Curso de preparación para el parto

En un curso de preparación para el parto entraréis por primera vez en contacto con todos los procesos. ¿Qué sucede en qué momento y por qué? ¿Cómo debe comportarse la parturienta? Y algo muy importante para ti: ¿cómo puedes apoyarla? Se proporciona información y consejos valiosos y podéis intercambiar experiencias con otros futuros padres.

Planificación del parto

Aunque muchos aspectos de un parto no son previsibles, en una planificación del parto podéis recoger todas las medidas organizativas con las que puede ayudaros el personal del hospital. De esta forma tu pareja puede estar segura de que se tendrán en cuenta sus deseos si la situación lo permite. Si decidís llevar a cabo una planificación para el parto, llevad un par de fotocopias de dicha planificación en el bolso que llevéis a la clínica o al hospital.

Epidural : ¿Sí o no?

La anestesia epidural o peridural es un método para la reducción del dolor y se utiliza en aproximadamente la mitad de los partos que tienen lugar en una clínica u hospital. Tu pareja también puede planificar con antelación si quiere la epidural, pero durante el parto y dependiendo de los dolores que se experimenten, puede que lo deseche de inmediato. ¿Cuáles son los pros y los contras?

Pros	Contras
- Ella permanece consciente - La dosis puede ser mayor o menor - Los dolores se reducen - No hay grandes efectos secundarios	- Se pierde la sensación del propio rendimiento físico - Ya no funciona eso de *escuchar las señales naturales del cuerpo* - Puede provocar que disminuyan las contracciones - La experiencia del parto es menos intensa - El efecto secundario más importante es el dolor de cabeza

¡Si os decidís por la epidural, avisad al médico lo antes posible para que no sea demasiado tarde para aplicarla!

Medidas organizativas para el gran día

La elección del nombre

¿Ya habéis pensado en el nombre del bebé? Como tarde, os recomiendo que en el segundo trimestre cojáis una hoja y un boli y os pongáis manos a la obra para buscar un nombre que os guste a los dos. Pensad siempre esto: tenéis que encontrar un nombre que os guste a los dos y que vuestro hijo/a tendrá que llevar toda la vida. Esto puede resultar una tarea difícil.

Haced cada uno una lista independiente de nombres que os gusten y si hay alguna coincidencia, ya tendréis el nombre ganador. Posiblemente esto no ocurrirá, pero ya tendréis una idea de los nombres preferidos de cada uno y podréis tachar juntos los que no os gusten a los dos. En vuestra búsqueda, pueden ayudaros los libros de nombres y también en Internet circulan listas que se actualizan a menudo con los nombres más populares.

Si optáis por un nombre muy exótico, debéis tener en cuenta que en el registro civil no se permiten nombres que den lugar a confusión en su identificación o induzcan a error en cuanto al sexo.

Si ya tenéis un nombre, decidlo varias veces en voz alta, también en combinación con los apellidos. ¿Es apropiado o suena raro? Y luego también está la cuestión de si queréis comunicar el nombre que habéis elegido. Aquí existe el riesgo de que los amigos o familiares os digan que no les gusta.

¿Estarás ahí en el momento del parto?

Aclarad con antelación si quieres estar presente durante todo el proceso del parto. Cada uno tiene una opinión diferente acerca de este tema y debe responder él mismo a esta pregunta. El parto no es ningún paseo, ni para tu pareja ni para ti como acompañante y existen dos posibilidades: consigues reducir cualquier sensación de estrés, duda y repugnancia o estás hecho un manojo de nervios en la sala de partos. Lo último no ayuda a tu pareja para nada. Muy al contrario: esto empeora las cosas. En ese caso lo mejor es que no entres a la sala de partos y que otra persona de confianza acompañe a tu pareja.

El camino al hospital

Cuando llegue el momento tendréis distintas formas de llegar al hospital. La ambulancia es especialmente rápida y lleva a tu pareja siempre al hospital más próximo. Eso es un fastidio si vosotros en realidad queréis otra centro. Si hay un vehículo en vuestra ciudad para el transporte a centros médicos, dirigidlo exactamente ahí donde queráis ser atendidos.

Si no podéis conducir con coche, siempre tendréis la opción del taxi, pero para eso debéis llamar previamente y aclarar si puede transportar mujeres embarazadas con contracciones. Puede haber empresas o vehículos que se nieguen.

Lista de comprobación: ¿Qué hay que llevar en la bolsa para ir a la clínica o al hospital?

Certificado de embarazo

Carné de identidad

Certificado de matrimonio o certificado de nacimiento si no estáis casados

Libro de familia

Tarjeta de la Seguridad Social o seguro médico

Gel de ducha

Champú

Cepillo de dientes y pasta

Desodorante, crema, cepillo y cinta para el pelo

Toallitas

Toallas y calcetines abrigados

Ropa cómoda

- \# Un sujetador cómodo (atención: el sujetador debe ser más grande que antes, porque la leche materna hace que los pechos sean más grandes)

- \# Ropa interior (¡cómoda!)

- \# Ropa de pijama cómoda para estar echado y ropa para el viaje a casa con vuestro bebé (mono, gorrito, calcetines, manta)

- \# Móvil o tablet con películas, música o audiolibros y cargador

- \# Dinero en efectivo y algún snack para picar

¿Adónde vas con el hermanito o la hermanita?

Quizá alguna persona de la familia o del círculo de amistades se ofrece para cuidar del hermanito. Aclarad esta situación con antelación y no cuando la mamá rompa aguas.

Vas a ser papá: ¿te has dado cuenta?

Ahora centrémonos en ti y en tus sentimientos. Vais a tener un hijo. Piensas en ello y te alegras de que vas a ser padre. Pero, por supuesto, los hombres viven el embarazo de forma muy distinta a su pareja. Las mujeres sienten cómo el bebé crece dentro de ellas y crean desde el momento uno un vínculo con él. El hombre ve cómo crece la barriga, se alegra y el instinto protector aumenta, pero para la mayoría todo ello no es lo suficientemente real. Si tú te sientes así, no te preocupes: este deseo abrumador de ser padre te llegará a ti también. Para muchos hombres esto ocurre cuando se está con los últimos preparativos, ha habido distintas visitas al médico y el bombo es muy grande. Más tarde, cuando empiezan las contracciones, estás con tu pareja y esperas a tener al bebé en tus brazos, por fin ya tienes esta sensación. Para que este proceso suceda antes, puedes acompañar a tu pareja a las citas preventivas.

Los ultrasonidos hacen auténticas maravillas, ya que de repente todo se hace más real.

CONSEJO: Cómo puedes prepararte

- Ya has dado el primer paso: comprarte este libro y con ello acceder a toda esta información
- Hablar con el bebé cuando todavía está en la barriga de su madre
- Sentir a tu bebé
- Hablar con tu pareja acerca de vuestros sentimientos
- Participar en un curso de preparación para el parto

Los dolores del parto

Las mujeres se quejan del dolor y los hombres piensan que no puede ser tan malo. ¡Mal! Se ha comprobado por lo que tiene que pasar el supuesto sexo débil y cómo experimentaría estos dolores un hombre. De esta forma, por ejemplo, cuatro hombres fueron conectados en Estados Unidos a una *máquina de simulación de los dolores del parto*. Esta máquina simula los dolores que sufre una mujer durante el parto. Tras el experimento, todos estuvieron de acuerdo en una cosa: nunca habían experimentado unos dolores tan grandes y no repetirían de ningún modo.

También los científicos que se han ocupado de manera exhaustiva de esta cuestión saben que es muy positivo que sean las mujeres las que traigan al mundo nuestra descendencia. Un hombre no soportaría el parto y nos extinguiríamos.

Con el parto, el cuerpo femenino libera hormonas, que funcionan como calmante, pero no lo malinterpretes, el dolor se amortigua un poco, pero tu pareja sufrirá como nunca antes. Los dolores se producen por la dilatación del tejido firme y de los órganos que participan en el proceso de dar a luz .

De esta manera, antes del parto, el cuello uterino cerrado debe abrirse hasta diez centímetros y también los ligamentos y músculos del suelo pélvico y del perineo se dilatan fuertemente. Y luego también están las contracciones. De hecho se trata de un dolor muscular producido por una fuerte dilatación del útero. A ninguna mujer en esta situación le gusta escuchar frases como *no te pongas así* o *no será para tanto*: tenlo en cuenta.

¡El bebé llega!

Y ya después de todos los planes y preparativos teóricos por fin llega el momento: vuestro bebé llega. Olvidaos ya de la idea de que todo tiene que estar completamente organizado ya que cada parto es diferente y la mayoría de las veces no es como se esperaba. Las contracciones son el primer imprevisto. Si la bolsa amniótica se rompe (lo que llamamos romper aguas) ya es probable que os pongáis de camino al hospital o al centro de maternidad, pero es raro que el parto se produzca de inmediato. En lugar de ello habrá que esperar a las contracciones. Algunas mujeres sufren contracciones ya después de romper aguas, pero no todas.

Romper aguas y tapones mucosos

La bolsa suele romperse después de las primeras contracciones. El líquido es claro y amarillento y a veces puede incluso contener sangre. Prestad atención a las reacciones del bebé. Si patalea como un loco o tu pareja no siente nada, deberá colocar su pelvis hacia arriba para que el abdomen esté más bajo y deberá llamarse a la ambulancia u otro vehículo de transporte. El motivo de ello es que puede que la cabeza de vuestro bebé no esté todavía en la zona de la pelvis y que el cordón umbilical se resbale por delante de su cabeza, produciendo con ello una falta de oxígeno.

Si se rompe aguas de forma prematura, a menudo ya en la semana 37 de embarazo, tendréis que buscar la ayuda de un ginecólogo que decida si el bebé puede sacarse o puede permanecer en el vientre (depende en gran medida de la semana de embarazo y del riesgo de infección).

Esto no debe confundirse con los llamados tapones mucosos, que son un tipo de barrera bacteriana de moco cervical que se forma delante del útero para proteger al bebé de patógenos. Con las primeras contracciones, puede liberarse en forma de flujo sangriento o de mucosa: ¡un signo claro de que vuestro bebé está de camino!

Durante la espera es importante distraer a tu pareja. No deberá estar pensando constantemente cuándo va a ocurrir todo. Mirad una película que tengas descargada en la tablet, leed, escuchad música, pasead: el aire fresco es especialmente bueno, o haz un pequeño masaje a tu pareja y habla con ella de la manera más relajada posible.

Cuando las contracciones aparecen y el intervalo entre cada una es cada vez menor, el momento del parto está cada vez más cerca. Como tarde, cuando las contracciones tengan lugar cada cinco minutos, tendréis que poneros de camino al hospital o a la instalación donde queráis tener el bebé.

Parto inducido

Es poco frecuente que los bebés lleguen al mundo en el momento previsto. A partir de la semana 41 se puede inducir el parto para no poner en riesgo la salud de la mamá y el bebé. Para ello, en los hospitales hay distintas posibilidades, desde la toma de pastillas, pasando por infusiones hasta el llamado cóctel para provocar contracciones.

Aparatos utilizados en el parto

- **Cardiotocógrafo**: mide la frecuencia cardiaca y las contracciones
- **Aparato de gasometría arterial:** informa del valor de pH de la sangre del bebé
- **Bomba de transfusión**: controla la velocidad y la dosis de la transfusión (con medicamentos que frenan o aceleran las contracciones)
- **Tensiómetro** : vigila la tensión de tu pareja

Tu pareja ya no controlará sus exigencias y sus palabras. Su sentimiento de vergüenza desaparece, parece un auténtico animal y ya no es la que era. Y, a pesar de todo, tú serás cariñoso y tierno.

Si estás presente durante el parto, te espera ante todo una tarea: la de apoyar. Anima a tu pareja, halágala, tranquilízala, haz de mediador entre ella y la comadrona o el médico: después de todo, tú eres su primera persona de confianza. Si te sientes sobrepasado por la situación, no lo demuestres nunca. Lo que menos necesita tu pareja es preocuparse por ti.

Al principio llegarán las primeras contracciones. Dichas contracciones abren el cuello uterino, que debe tener una anchura de diez centímetros en el momento del parto. La mayoría de las que van a ser madres experimentan esta fase como la peor de todo el parto.

Una vez que el cuello uterino está abierto, siguen otras contracciones en las que tu pareja tendrá que empujar, además con todo su cuerpo: algo más que agotador. También la comadrona hace un trabajo muy importante, ya que tiene que dar instrucciones a tu pareja: cuándo empujar, cuándo parar, cuándo continuar.

La duración es diferente de un parto a otro. Si tenéis suerte, todo va rápido, pero hay mujeres que han estado un día entero de parto.

Lo primero que aparece es la cabecita de vuestro bebé y después no transcurre mucho tiempo hasta que asoma también el resto del cuerpo. Y, cuando lo oigáis gritar, algo que por cierto es completamente normal, este será el momento más feliz de vuestra vida y todos los sufrimientos de las últimas horas pasarán enseguida a un segundo plano.

Cuando a tu pareja le coloquen el bebé sobre la barriga, podréis verlo por primera vez y todo estará preparado para cortar el cordón umbilical. Si queréis hacer las primeras fotos, tened en cuenta que debéis apagar el flash. ¡Ahora para vuestro bebé todo es demasiado luminoso! Después, el pediatra pesará, medirá y llevará a cabo los primeros análisis del bebé: también tú podrás estar presente ahí.

Instrumentos de ayuda para el parto

Algunos bebés necesitan ayuda adicional en el momento del parto. En dicho caso, el médico o la comadrona colocan un instrumento en la cabeza del bebé para sacarlo.

Ventosa obstétrica

Es el instrumento que se usa con mayor frecuencia. Se trata de una copa de plástico o metal (el tipo que se utiliza depende de la situación del bebé) con una bomba de vacío y un agarre.

Espátula

Este instrumento se utiliza con muy poca frecuencia. El instrumento consiste en una espátula con los extremos doblados para sacar la cabeza del bebé.

¿Y cuándo se utilizan estos instrumentos? Cuando tu pareja está tan cansada que ya no puede empujar más. Existe un motivo médico, ya que hay un riesgo para la salud de tu pareja en caso de que tenga que empujar durante mucho tiempo. También puede ser bueno presionar porque puede que el bebé esté en apuros o que no de ningún paso por salir de la zona pélvica.

La cesárea de emergencia

Si se producen complicaciones durante el parto, el bebé deberá sacarse por cesárea. Esto es necesario ya que, de otro modo, su vida y también a veces la de la mamá pueden estar en juego. Si este es el caso, se administrará a la embarazada un medicamento para inhibir las contracciones y se la trasladará a la sala de operaciones.

Gracias a la epidural o a una anestesia espinal que solo duerme la zona del abdomen, podrá tener lugar el parto sin dolor y la madre podrá vivirlo plenamente consciente. Sin embargo, si ella prefiere anestesia general, esto también será posible, pero en este caso no podrás pasar a la sala de operaciones. Para sacar al bebé, se hará un corte en el abdomen de la futura mamá y después se cerrará de nuevo.

- Tu pareja se encuentra en una **situación extrema**. Estará irritada, de vez en cuando enfadada o confundida. Muchas mujeres echan a sus parejas porque no soportan su cercanía

- Probablemente te sientas muy desamparado. Estás ahí y es lo que tu pareja quiere, pero no puedes ayudar

- No solo verás a la **pequeña y tierna criatura**, también es frecuente que haya grandes cantidades de sangre, una pequeña micción y excrementos

- Tras el parto, tu bebé no tendrá el aspecto que tienen los bebés en las películas de cine. Estará algo arrugado, tendrá la cabeza deforme, estará ensangrentado y sucio y todo eso es normal

- Cuando el bebé haya llegado, ¡el parto no habrá acabado! Volverán a producirse contracciones y se expulsará la placenta

- Los primeros días después del parto, tu pareja llorará mucho. Esto se debe a la reducción de hormonas en su cuerpo

- En los **primeros días** también será demasiado para tu pareja recibir visitas. Pregúntale si de verdad quiere ver a alguien y a quién. Mantén a los visitantes a raya

Después del parto

Muy pocas madres pueden abandonar el hospital o la clínica poco después del parto. En la mayoría de los casos permanecen ingresadas de tres a cuatro días. La mamá y el bebé son cuidados y se evalúa su estado constantemente. En caso de cesárea, debido a la necesidad de recuperación, debe esperarse todavía un par de días. En los hospitales y clínicas hay horarios de visita, pero tú podrás estar todo el tiempo con tu pareja.

No es raro que los hombres tengan una especie de trauma del parto, en especial si ha habido complicaciones. Ver a tu pareja, a la que tanto quieres, sufrir de esa manera y no poder hacer nada y observar cómo el bebé la tortura puede poner a prueba los nervios de cualquiera. Lo importante es que te ocupes del seguimiento del parto y convencerte de que a todos los participantes les va bien. Normalemente tú también borrarás de tu memoria todas las imágenes traumáticas del parto cuando seas consciente de que todo ha ido bien.

¿Cómo comunicáis a todos la feliz noticia?

Hoy en día, todo funciona por WhatsApp o SMS. Aquí están todos los datos que debe contener sin falta el mensaje para comunicar la noticia:

- Nombre (en caso de nombres extranjeros o poco frecuentes, escribir también el sexo)
- Altura
- Peso
- Hora
- Cómo os encontráis el bebé, la mamá y tú

Pequeño consejo: Escribe con ternura desde el punto de vista del bebé: ¡esto siempre es bien recibido!

Aquí tienes 5 ejemplos que te pueden servir de inspiración:

1. *Erik ha visto por primera vez la luz del mundo hoy a las 2:10 horas. Mide 58 cm y pesa 3 900 gramos. La madre y el niño se encuentran bien. Estamos locos de alegría – Jonas y Claudia*

2. *Yo, Erik, me he mudado. Mi nuevo domicilio: con la familia Weidner. La fecha de la mudanza fue el 24-1-2018 a las 2:10 horas. Mi casa era muy pequeña para mi, ya que ahora mido 58 cm y peso 3 900 g. En mi nueva casa puedo seguir creciendo y desarrollándome a mis anchas. ¡Saludos de vuestro Erik!*

3. *¡Atención! ¡Peligro! Tras casi nueve meses de oscuridad, Erik ha conseguido escapar el 24-1-2018 a las 2:10 horas. El fugitivo no está armado, tal y como se ha demostrado en el momento de la fuga, pero puede proferir viles gritos. Descripción: irresisteblemente mono, peso: 3.900 gramos, altura: 58 cm, color de pelo: no se sabe, pistas sobre su captura a: familia Weidner, de Hamburgo.*

4. *En realidad solo teníamos 3 deseos: queríamos algo mono, algo emocionante y algo para jugar. ¿Y qué hemos obtenido? ¡¡¡Un BEBÉ!!! Se llama Erik y al llegar el 24-1-2018 medía 58 cm y pesaba 3 900 gramos.*

5. *¡A partir de ahora me pregunto cuándo y cómo dormiremos! Erik, 24-1-2018, 58 cm, 3 900 gramos.*

El *bonding*

Esta palabra inglesa hace referencia al vínculo y a la toma de contacto con vuestro bebé. Tal y como ocurre en otros ámbitos de la interacción humana, aquí también la primera impresión cuenta. Recibe a tu bebé con todo tu amor y cariño y cógelo en brazos para que vuestro vínculo se refuerce.

La primera vez que los padres y el bebé están solos es muy importante y a menudo el personal del hospital o de la clínica os darán espacio para ello. Decid a vuestros familiares y amigos que os tienen que dejar un poco solos y disfrutad de este momento, de esta primera etapa de la vida de vuestro bebé. Si el bebé necesita cuidados médicos, esto es lo primero y el *bonding* puede esperar. Pero también en los siguientes días y semanas tendréis tiempo de conoceros y crear un vínculo intenso.

Por cierto, con el nacimiento descenderá tu nivel de testosterona. La naturaleza lo ha previsto así para que te puedas adaptar mejor a las exigencias del bebé y podáis desarrollar un vínculo con mayor rapidez.

El primer hijo: ¿Qué debes tener en cuenta?

- El bebé debe ser **inscrito**: normalmente los hospitales, clínicas y establecimientos sanitarios pueden solicitar su inscripción . Otra opción es que vosotros mismos vayáis al Registro Civil

- **Registro Civil**: No será necesario que los progenitores se dirijan al Registro Civil si se envían todos los documentos necesarios desde el centro sanitario. Los padres deberán rellenar un formulario en el que constan datos como el nombre del recién nacido, hora, fecha y lugar, sexo, hora de inscripción y datos de los padres, como el Documento Nacional de Identidad o el pasaporte extranjero y el número de afiliación, en caso de afiliación a la Seguridad Social

- Tu bebé tiene que estar **asegurado** para que un pediatra pueda atenderle cuanto antes. Ahora ya puede darse de alta a los recién nacidos por Internet a través de la web Tu Seguridad Social

- **Ayudas para padres**: Puedes informarte en la administración de tu ciudad o Comunidad Autónoma

- **Ayudas para niños**: Cada Comunidad Autónoma tiene sus ayudas y prestaciones propias

- **Permiso de paternidad**: Debes anunciarlo en tu empresa. El permiso de paternidad de ocho semanas entró en vigor el 1 de abril de 2019

Tu bebé

Es una suerte querer a tu hijo.

Sin embargo, la mayor suerte

es que tu hijo te quiera a ti.

Helga Kolb

La seguridad en el hogar

Cuando lleguéis como familia recién estrenada del hospital a casa, habrá una cosa que cambie. Ya sabes que ahora todo va a centrarse en el bebé, pero, ¿has pensado en todos los peligros que en un hogar tan amorosamente diseñado como el tuyo le esperan a tu bebé?

Para ofrecer a tu hijo una casa segura, lo mejor es que empieces a reestructurar cosas ya durante el embarazo. Si tu bebé ya ha llegado, probablemente ya no te de tiempo. Sin embargo, más tarde, cuando el bebé empiece a arañar cosas y se cuelgue de los muebles, deberías tener en cuenta e ir tachando los siguientes elementos de tu lista de comprobación:

Lista de comprobación: Seguridad en casa

- \# Fijar estanterías que pueden volcarse

- \# Cubrir los bordes cortantes de los muebles

- \# Retirar piezas pequeñas y peligrosas y líquidos

- \# Poner protección para niños en los enchufes

- \# Colocar la televisión de pantalla plana con seguro frente al vuelco o colocarla arriba a una distancia de seguridad adecuada

- \# Colocar cables especiales para niños

- \# Poner manijas de ventana con cierre

- \# Retirar flores o tener siempre cuidado de que no se caigan semillas, hojas o flores

- \# Colocar persianas y cortinas a una altura difícil de alcanzar

- \# Colocar barandillas en las escaleras

- \# Mantener fuera del alcance de los niños el mantel, botellas abiertas, artículos de decoración y platos con dulces

- \# Colocar elementos de seguridad para niños en los cajones o retirar de ellos todo lo que pudiera resultar peligroso para ellos (tijera, cuchillo, bolsas de plástico, cintas, ...)

- \# Colocar una alfombrilla antideslizamiento en la bañera / ducha

- \# Crear un parque para bebés. Ahí, el bebé podrá jugar, sentarse, tumbarse y arañar de forma segura

Equipamiento para vuestro bebé

Monos de bebé, asientos de bebé, cambiador para bebé, pañales: ahora empieza una época nueva y tenéis que estar bien preparados. Ya de camino a casa, vuestro bebé necesita algo más que el juguete y el peluche que la yaya le ha regalado por su nacimiento.

Puede que afortunadamente tu pareja estuviera durante el embarazo en su nueva fase de construir el nido y haya preparado con tu ayuda todo para la llegada del nuevo miembro de la familia. Ya hayáis optado por los típicos tonos rosa o azul o hayáis elegido un color más bien neutro, en este momento todo estará decidido y en vuetra casa os espera una bonita habitación de bebé con todo lo necesario. Pero, ¿qué es lo que de verdad necesita vuestro bebé?

Lista de comprobación: primer equipamiento para tu bebé, parte I

Equipamiento

- \# Cambiador de bebé con:
    - \# Recubrimiento
    - \# Cubo para los pañales
    - \# Pañales nuevos
    - \# Crema de protección contra las heridas, productos para el cuidado (recomendable: crema para bebés de caléndula)
    - \# Toallitas, recipiente para el agua o toallitas húmedas
    - \# Juguete para distraer
- \# Equipo de calefacción para bebés
- \# Bañera de bebé, termómetro de baño y toalla de baño

\# Cuna o cama de bebé con colchón y ropa de cama adecuada. Al colocar la cuna o cama, observa que no haya ningún cable ni ninguna fuente de electricidad cerca de ella

\# Saco de dormir para bebés: importante, ya que evita que el bebé se destape cuando se mueva por la noche. Además, puede moverse sin colocarlo sin querer por encima de la cabeza

\# Teléfono de vigilancia del bebé: ten en cuenta que es muy sensible a los ruidos y por ello es mejor que alejes la emisora, lo que también reduce la exposición electromagnética. Si se coloca cerca del bebé, siempre debe hacerse por debajo de la altura de los pies para que la cabecita del bebé no reciba tanta contaminación electromagnética

\# Termómetro para bebé

\# Silla alta de bebé – Esta debe:

- Ser fácil de limpiar

- Poder ampliarse

- Ser especialmente estable

- Tener un cinturón

- Ser ajustable en altura y plegarse (en caso de que quieras trasladarla a otra parte)

\# Biberón con tetina y cepillo

Ropa

\# Bodys

- # Monos
- # Medias o leotardos
- # Jersey y camisetas
- # Pijamas
- # Chaquetas
- # Gorrito de bebé
- # Manoplas: un par para dentro de casa como protección frente a arañazos y un par para la calle
- # Pañales de muselina
- # Calcetines de bebé

Cuando vayas a comprar ropa, ten en cuenta que los bebés crecen rápido. Puede ocurrir que a tu pequeño tesoro se le vuelva a quedar pequeño el mono el próximo mes. Por este motivo te aconsejo comprar ropa de segunda mano. No tengas miedo: si lavas la ropa a altas temperaturas se matan todos los gérmenes, con lo cual no hay ningún motivo para preocuparse.

Más bien al contrario. La ropa que ya se ha lavado no contiene los químicos que normalmente contienen los materiales nuevos y que pueden provocar alergias. Quizá también en vuestro círculo de amigos, familiares y conocidos alguien tenga ropa de bebé que os pueda prestar.

¿Cuánto abrigas a tu bebé?

Ni mucho ni poco: la regla general es que le pongas una prenda más que a ti mismo. Comprueba de vez en cuando su temperatura en la nuca. Si tiene la nuca caliente y seca, todo va bien. Si, por el contrario, está humeda, tu bebé está sudando. Quítale algo de ropa y vuelve a comprobar después su temperatura.

Para salir

\# Carrito de bebé. Al comprarlo debes tener en cuenta lo siguiente:

- Que tenga una buena amortiguación para que la espalda de tu bebé esté protegida

- Una amplia distancia entre ejes para mayor estabilidad

- Frenos a ambos lados

- Agarre con altura ajustable

- Su tamaño cuando está plegado, por ejemplo para meterlo al coche

\# Portabebés, ya sea en forma de fular, bandolera o mochila: son una buena alternativa al carrito de bebé a la hora de subir escaleras y a tu bebé le encantará el contacto con tu cuerpo.

\# Asiento de bebé para el coche:

- Ver los resultados de tests de distintas marcas

- No te centres en el precio: la seguridad es lo primero

- Coloca el asiento tal y como indica el fabricante en las instrucciones. Solo así puede garantizarse la seguridad

\# Bolso de pañales

El viaje en coche

Lo más seguro es transportar al bebé en la parte de atrás. Haz esto como mínimo durante los 15 primeros meses, ya que la musculatura de la nuca de tu bebé en este momento no es lo suficientemente fuerte como para sujetar su cabeza en caso de un frenazo fuerte.

¿Y en qué parte del coche colocas el asiento del bebé? La parte más segura es la parte de detrás. En el asiento del copiloto el riesgo es demasiado grande, ya que puede saltar el airbag y el bebé puede resultar herido.

Cuidados y bienestar

Para levantar a tu bebé de la mejor manera debes seguir los siguientes pasos:

- Mano izquierda por debajo del cuello y mano derecha por debajo del culito
- El antebrazo izquierdo sujeta la espalda, tus dedos sujetan la nuca y la cabecita (sujeta la cabeza correctamente, ya que al principio el bebé no puede hacerlo por sí solo)
- Cuando tus manos estén colocadas con firmeza en el cuerpo del bebé, entonces podrás levantarlo

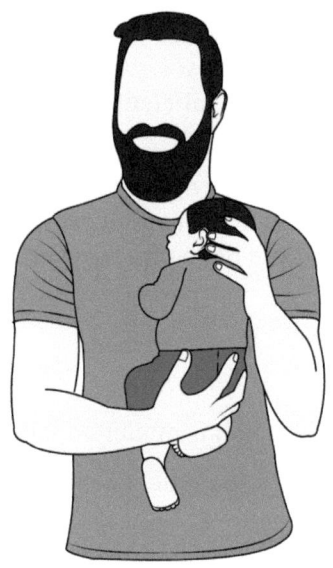

La postura del avión

- La parte superior del cuerpo de tu bebé está apoyada en tu antebrazo
- Su cabecita está en el pliegue de tu codo
- Tu mano libre actúa de apoyo adicional

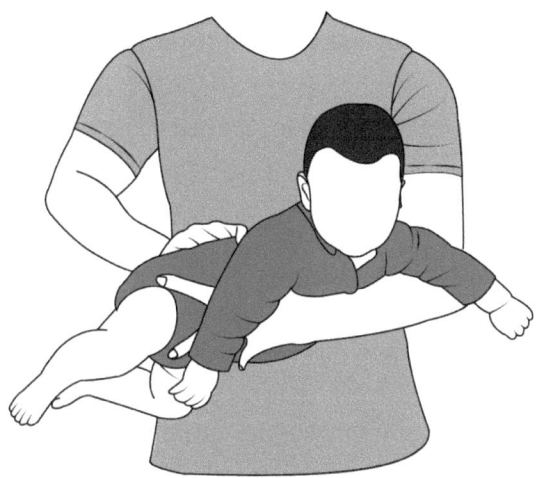

Cambiar pañales: un trabajo para hombres de verdad

La tarea que menos gusta cuando se trata del cuidado del bebé es la de cambiar pañales. Aunque muchos padres dejan con gusto que sea la mamá la que se encargue de esta tarea, alguna vez tú también tendrás que hacerlo. Al principio tu pareja agradecerá todo el apoyo que pueda obtener. Por este motivo, debes ayudarle en esta tarea todo lo que puedas.

Ya te hemos explicado antes todo lo que necesitas para cambiar pañales. Ahora necesitarás todos esos utensilios mencionados. Para que ahora puedas actuar con sabiduría y demostrar tu maestría, aquí tienes unas breves instrucciones:

1. Después de haber desabrochado el mono del bebé, bájalo hasta los pies y retira el pañal.

2. Limpia la zona genital y el culito (presta atención: siempre de delante hacia atrás, seguramente te suena de tu propia infancia).

3. Antes de colocar un nuevo pañal, debes secar la piel de tu bebé para que no se irrite.

4. Si la piel ya está enrojecida, debes aplicar crema de bebé y dejar que se seque un poco la zona.

5. Vuelve a levantar el culito, coloca un nuevo pañal y ciérralo.

6. Vuelve a abrochar el mono.

Nunca debes dejar a tu bebé solo o desatendido durante este proceso en la superficie donde cambies los pañales. ¡No sabes lo rápido que se mueve y lo rápido que quiere irse del lugar! Procura también que la habitación esté lo suficientemente caliente para que el pequeño gorrión no se congele.

Por cierto, ya antes del nacimiento puedes aprender cómo cambiar pañales, bañar, levantar y vestir al bebé. Para ello puedes asistir a cursos de cuidado de bebés y tu pareja y tú podéis preguntar y practicar con la comadrona.

Cuidado personal

En cuanto el ombligo haya cicatrizado, algo que suele durar de tres a cuatro semanas, podrás bañar a tu bebé. Como el uso de mucha agua y jabón dañan la piel sensible, será suficiente con bañar al bebé una vez a la semana. Para el cuidado diario, utiliza mejor una toalla húmeda con agua caliente y así se protege la capa ácida protectora de la piel del bebé.

La clave del baño está en la temperatura: el cuarto de baño debe tener una temperatura de entre 26 y 28 grados y el agua de 35 a 37 grados. En el caso del jabón y el aceite de ducha se aplica lo siguiente: menos es más y los productos que utilices deben ser apropiados para bebés. ¡Tu bebé disfrutará mucho cuando se siente en su gran bañera con papá o mamá! : ¡aquí puede salpicar tan a gusto! Sin embargo, no te olvides de sujetarlo siempre bien.

Cuidado dental

Al principio, para el cuidado dental no se necesita mucho. Cuando los primeros dientes asomen en las encías, podrás limpiarlos con cuidado con un bastoncillo de algodón. En cuanto los dientes crezcan, necesitarás un cepillo de dientes para niños. En este momento, la pasta de dientes todavía no es necesaria, pero si decides utilizarla, ten en cuenta que sea para niños. A diferencia de nuestra pasta dental, la pasta para niños puede tragarse sin problemas. La limpieza deberéis llevarla a cabo tú o tu pareja, ya que el peque todavía no puede hacerlo él solo.

Gritos y consuelos

En especial al principio, vuestro bebé gritará mucho. Esto podrá poneros de los nervios, pero en ese momento es la única forma que tiene el bebé de comunicarse. Con el tiempo, tú también podrás saber exactamente cuándo tiene hambre, cuándo necesita que le cambien los pañales o cuándo necesita entretenimiento. Aunque no encuentres el motivo por el que grita, piensa siempre lo siguiente: ¡Nunca grita simplemente para molestarte!

A menudo la causa es muy simple: le ha pasado algo durante el día o está sobrecargado con tantas impresiones nuevas. Esto también es importante para el desarrollo del bebé, tiene estrés y lo único que ayuda es tener paciencia y que estés ahí para lo que tu bebé necesite. Tómalo en brazos y consuélalo con toda tranquilidad.

Bebé llorón

En los tres primeros meses se regula el sistema digestivo y esto hace que el bebé sea difícil de tratar. Durante este tiempo es completamente normal que llore mucho, pero después eso remitirá. Sin embargo, si llora más de tres días a la semana y cada vez más de tres horas, desde el punto de vista médico se trata de un bebé llorón y tendréis que buscar ayuda profesional para que no se os vaya de las manos.

El sueño

Un sueño sano es importante. Para que tu bebé pueda descansar bien por la noche, presta atención a lo siguiente:

- Durante el primer año de vida, la cama del bebé tiene que estar en vuestro dormitorio: vuestros ruidos le resultarán calmantes
- No debe estar cerca de la calefacción o al sol
- Temperatura de la habitación: entre 16 y 18 grados
- Ropa para dormir: pijama y pañales
- Utilizar el saco de dormir, sin manta adicional (para que esta no pueda cubrir la cabecita del bebé en un descuido)
- Las almohadas, peluches u otros objetos para dormir no tienen que estar en la cama
- El primer año el bebé deberá dormir siempre en posición dorsal
- Una calma prolongada permite que en caso de problemas respiratorios vuestro bebé se despierte más rápido

La costumbre diaria de muchos bebés es llorar por las tardes como auténticos campeones. Tal y como hemos explicado, esto se debe en primer lugar a que el bebé necesita procesar todo lo que le ocurre. A veces está demasiado cansado y no sabe manejar esta sensación. Aquí lo único que ayuda es la paciencia y no enfadarse, estrechar al bebé o tumbarlo en otra habitación.

Dejar que tu bebé llore todo lo que quiera no es ninguna solución. Esto provoca dolor de estómago y flatulencias. ¿Y qué pasa entonces? Exacto, tiene todavía más motivos para llorar.

Problemas con el sueño

Las necesidades de sueño de los bebés son muy diferentes. Algunos, de 24 horas solo necesitan dormir 14, mientras que otros duermen 20. Sin embargo, muy pocos duermen más de cuatro horas seguidas. Además, cuesta adaptar el ritmo de sueño y vigilia al momento del día. Para ello, puedes ayudar a tu bebé introduciendo rituales fijos. Hacer ruido antes de dormir no sirve para nada, pero sí te aconsejo que pruebes los siguientes métodos:

- Un baño caliente por la noche
- Poner al bebé un pijama para dormir
- Ser consecuente: aunque el bebé no esté cansado, acuéstalo a la hora de dormir
- Contacto con el cuerpo; por ejemplo, colocar tu mano en la barriga del bebé o tumbarle la cabecita
- Cuenta a tu bebé quién está ya durmiendo
- Ocúpate de que todo esté en calma (que no se escuche la televisión de fondo)
- Cuenta historias, cántale una nana o tararea una melodía (lo mejor es cantar cada noche la misma canción)
- Haz como si un par de los peluches del bebé caminasen sobre su barriguita y dale las buenas noches
- El mejor consejo: llevar a cabo el mismo ritual cada noche: la rutina ayuda

Si quieres despertar a tu bebé, por ejemplo porque tiene que ser amamantado, hazlo con mucha suavidad. Acarícialo, di con suavidad su nombre o hazle cosquillas en los pies. También puedes limpiarle la carita con una toalla húmeda y dejar entrar poco a poco algo más de luz en la habitación.

Diario del sueño

Si vuestro pequeño tesoro no se acostumbra al ritmo de día y noche o no duerme como debiera, lleva un diario del sueño donde anotes todo: cuándo duerme durante el día, cuándo lo hace durante la noche, cuándo toma la comida, cuándo llora, cuándo se le echa para que duerma. Así puedes comprobar si quizá duerme mucho durante el día y por eso no quiere dormir tanto por la noche.

Alimentación

Hasta ahora tu bebé lo tenía bastante bien: siempre rodeado de todo lo que necesitaba. La naturaleza tiene todo muy bien previsto para los nueve primeros meses, pero a partir de ahora tu pareja y tú tendréis que ocuparos de todo. Casi todas las madres pueden amamantar a su bebé durante el primer año de vida y deben hacerlo, ya que la leche materna es muy sana. De esta manera, tu pareja fortalece el sistema inmunitario de vuestro bebé y así los bebés tienen menos alergias, no enferman tanto y sufren con menos frecuencia la denominada muerte súbita infantil.

También aquí la naturaleza ha hecho un gran trabajo, ya que la madre produce toda la leche que necesita vuestro bebé. Por este motivo debéis evitar cualquier alimentación adicional, ya que esto pondrá patas arriba el proceso natural. La OMS (Organización Mundial de la Salud) recomienda la lactancia exclusiva del bebé un mínimo de seis meses y después un plazo de un año durante el cual el bebé se va acostumbrando a alimentos sólidos.

Durante este tiempo deberás tratar a tu pareja con mucha indulgencia y empatía. Al igual que en algunas etapas del embarazo, se desarrolla una nueva hormona en su cuerpo: la *prolactina*, que hace que se pueda concentrar peor, que esté muy emotiva y que se olvide con facilidad de las cosas.

Además resulta muy agotador estar amamantando continuamente, día y noche. ¡Tú también puedes ayudar de vez en cuando con un biberón lleno de leche materna! Piensa que primero tienes que esterilizar el biberón, ya que el tracto gastrointestinal del bebé no puede matar por sí mismo los gérmenes que vienen de fuera hasta los seis meses.

Cuando empecéis a darle al bebé algo más que leche, probablemente tengáis que probar distintos tipos de papillas y potitos porque los sabores también pueden resultarle muy distintos al peque. También algunos bebés prefieren tomar papillas y potitos preparados, como en las marcas Puleva o Nutribén y otros prefieren la papilla casera. Al principio, lo mejor es que probéis con potitos de verdura de un solo tipo.

Cuando vayáis a elegir los cubiertos para el bebé, lo importante es que escojáis cubiertos de plástico. En los cubiertos de metal existe riesgo de heridas. Se calientan demasiado rápido y pueden dañar los vasos sin que os déis cuenta. También para la boca sensible y los pequeños dientes del bebé resulta muy duro.

La paternidad: todo cambia

No importa cómo lo hayas imaginado y no importa lo ordenada y tranquila que estuviese tu vida hace un par de meses: todo eso ya es pasado. Ser padre tiene su lado bueno, pero también un lado muy agotador y de eso tampoco escapará el papá. Puede ocurrir que te quedes completamente dormido con el bebé en el sofá porque por fin encuentras un momento de paz o que tú no quieras despertar al peque de ningún modo si se ha quedado dormido. Pero el cansancio de ser papá, por suerte, es diferente al cansancio de haber trabajado durante toda la noche. Por tu pequeño alboratodor lo das todo con gusto.

El cansancio y, por supuesto, la falta de tiempo, harán que durante el primer año apenas puedas hacer ningún deporte más. Cuando transportes a un bebé que cada vez pesa más, te darás cuenta del esfuerzo físico que supone, pero no puede comparse con actividades físicas que hagan sudar. Además de los profundos cercos negros que se forman bajo tus ojos cansados, también empezarás a engordar; al menos ahora sabrás cómo se ha sentido tu pareja en los últimos meses de su embarazo.

CONSEJO: Pequeño consejo para hacer ejercicio: hacer ejercicio con el bebé – Ejercicio para ti, juego y diversión para tu bebé

Nº 1: Piernas

Preparación:

- Coger al bebé en brazos y mantenerlo pegado a la parte superior del cuerpo

- Caminar con las piernas abiertas

- Las rodillas y los extremos de los dedos miran hacia afuera

- Contraer los músculos del estómago y de los glúteos

- Doblar las rodillas despacio

- Volver a respirar con normalidad

<u>Ejecución:</u>

- Flexionar bien las rodillas hasta que sientas tensión en los muslos

- Parar

- Volver a subir lentamente

Repeticiones: 10–15

Nº 2: Espalda

Preparación:

- Tumbarse con la espalda apoyada en el suelo y las piernas dobladas

- Colocar al bebé sobre tus muslos de tal manera que esté mirando hacia ti

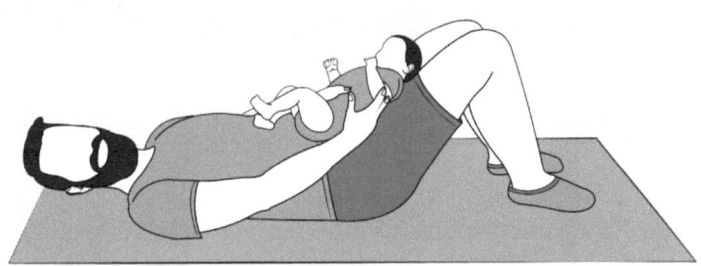

- Sujetarlo bien con tus brazos

- Levantar la pelvis y con ello se tensarán tus glúteos

- Los muslos y el torso están al mismo nivel

Ejecución:

- Mover la pelvis hacia arriba y hacia abajo

- Al subir, tensar siempre los glúteos

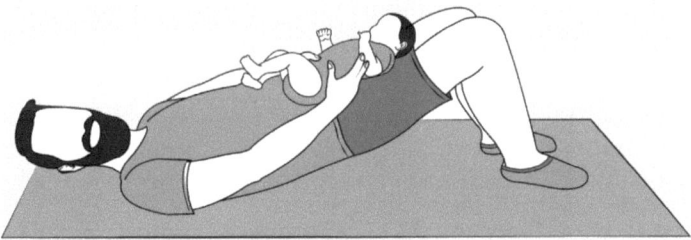

- Bajar brevemente, hacer una pausa, repetir

Repeticiones: 20–30

Lo importante es que encuentres el equilibrio correcto. Al igual que tu pareja, también tú tendrás que disfrutar de tiempo para ti mismo. Solo así podrás repostar energía y seguir siendo tú mismo además de seguir con tu rol de padre.

¡Cuidado con la tristeza postparto o *baby blues*!

Del 20 al 30 % de las mujeres padecen el *baby blues*: síntomas depresivos que se traducen en dormir mal, falta de hambre e irritabilidad. Y hasta el 10 % de los hombres también deben hacer frente a este estado. En la mayoría de los casos, esta sensación desaparece en un par de días, pero si continúa se aconseja buscar un psicólogo. También esto puede afectar al bienestar del bebé, ya que la depresión de los padres puede tener un efecto negativo en sus competencias sociales.

Tu vínculo con el bebé

Aunque desde el primer día es importante que pases tiempo con el bebé para crear un vínculo con él, en las primeras semanas esto resulta bastante complicado. El pequeño gorrión duerme más de lo que está despierto y también las actividades que podrías llevar a cabo para fortalecer el vínculo padre e hijo son bastante limitadas. Parece como si solo pudieras sujetar a tu bebé en brazos y hacerle mimos hasta que vuelva a gritar y quiera volver con su mamá.

Sin embargo, puedes hacer mucho más: practicar cómo cogerlo, contarle historias, escuchar música, hacerle cosquillas, enseñarle juguetes y libros con imágenes, descubrir la vivienda juntos o remolcarlo con cuidado por encima del suelo con una alfombra o toalla. También podéis pasear ya que el aire fresco siempre sentará bien al bebé, pero no te decepciones si en un par de minutos vuelve a quedarse dormido. Y aunque todo eso parezca algo aburrido, enseguida el bebé aprende cómo agarrar y todas las genialidades que pueden hacerse con los juguetes y entonces podréis jugar de verdad.

Estimula a tu bebé para que juegue

Como tarde, con cuatro meses tu bebé empieza a cogerle gusto al juego. Aquí tienes algún consejo para empezar a jugar:

- Menear al bebé cuando esté en el regazo
- Jugar al caballito
- El juego de cucú-tras: te tapas la cara con una toalla o con la mano, y dices cucú-tras mientras te destapas
- Juegos de construcción con piezas grandes (aproximadamente a partir del noveno mes)

Fíjate si tu bebé ya ha tenido suficiente y necesita calma y ten cuidado de que no se trague ningún objeto si jugáis con piezas.

Lo más importante para el bebé: el contacto físico

¿Sabías que ya a las seis semanas el embrión reacciona al contacto? Y también después del nacimiento es especialmente importante el contacto físico. Los estudios científicos han demostrado que los bebés a los que se mima y se acaricia con regularidad son más equilibrados, lloran menos, duermen mejor e incluso asimilan mejor la comida. La hormona oxitocina es la responsable de ello. En cualquier tipo de contacto con la piel, dicha hormona incrementa, mientras que la hormona del estrés, el cortisol, se reduce al mismo tiempo.

Masajes al bebé

No solo los adultos disfrutan de los masajes, sino también tu bebé. Además hay otra ventaja más: gracias a las caricias también se reforzará vuestro vínculo.

Primero frota tus manos con algo de aceite para bebé y procura que estén bastante calientes. Durante el masaje, masajea todas las partes del cuerpo de la misma manera, con calma y ejerciendo una leve presión.

CONSEJO: Cómo dar un masaje con cuidado al bebé

1. Coloca a tu bebé sobre su espalda y empieza por la cabeza: acaricia despacio con los dos pulgares la mejilla desde la nariz
2. Haz lo mismo desde la frente hasta la sien
3. Desde el hombro izquierdo a la cadera derecha, desde el hombro derecho a la cadera izquierda
4. Con una mano, acaricia desde el pecho al brazo derecho, después al izquierdo
5. Haz movimientos circulares sobre la barriga, en sentido de las agujas del reloj
6. Coloca al bebé sobre su barriga: pon las manos una junto a otra a la altura de la nuca en posición horizontal. Empuja con una mano y arrastra la otra en horizontal por encima de la espalda. Empuja desde la nuca al culito
7. Masajea de la nuca hasta el culito
8. De nuevo colocado sobre su espalda: agarra con una mano la parte superior del brazo y arrastra despacio hasta la mano y haz lo mismo después con las piernas

El primer año de vida: hitos: ¿qué puede hacer tu bebé y cuándo?

Primer mes:

- Reconocer e imitar sonidos
- Se puede adaptar a ti: si irradias calma, se calmará, si estás alterado, se alterará también
- Reconocer los primeros objetos que se encuentran a su alrededor
- Después de un par de semanas podrá distinguiros a ti y a tu pareja
- Oler y saborear

2º al 3er mes:

- Reaccionar a tonos de voz elevados e intenta hablar (¡ah! y ¡eh! u ¡oh!)
- Reconocer cosas que se encuentran lejos
- Se intensifica el olfato: ahora deberías dejar de utilizar desodorantes y lociones de afeitado agresivas
- Este es el momento ideal para libros de ilustraciones y pasar mucho tiempo en la bañera (¡por supuesto no solo!)

4º al 6º mes:

- Mira objetos individuales
- Agarra objetos y los sujeta (o juega con ellos)
- Poco a poco mamar deja de resultarle interesante, quiere descubrir nuevos sabores y para ello se mete a la boca todo lo que encuentra
- Este es el momento ideal para libros de ilustraciones

7º al 9º mes:

- Empieza a entender las cosas que os dice
- Reconoce e imita animales (¡hay estupendos libros y juegos para ello!)
- Sigue el ritmo de la música y reacciona con suavidad para hacer pequeños movimientos
- Ahora tenéis que tener mucho cuidado con los objetos pequeños. Incluso los ojos de los muñecos de peluche han dejado de ser seguros
- Se desarrolla un gusto propio

Meses 10 a 12:

- Aprende las primeras palabras sencillas con su significado (qué es una oreja, que el perro hace guau y el coche "brrm")
- El gusto puede volver a cambiar por completo

El controvertido tema de la educación

Por supuesto, durante el primer año de vida del bebé la educación no es lo más importante. Debéis aprender y superar todo lo nuevo que llega y a menudo no os queda tiempo para pensar en la educación adecuada. Lo queráis o no, al bebé le llega todo lo que hacéis o decís y esto se refleja más tarde en su comportamiento.

Por desgracia, la educación puede convertirse en un tema muy controvertido para los padres primerizos. Cada uno tiene su propia opinión de lo que es mejor para el bebé y, por supuesto, cada uno quiere poner en práctica dicha opinión.

La otra opinión parece completamente descabellada. Todos los manuales educativos, los diferentes consejos y formas de proceder, además de los consejos de vuestros padres, que por supuesto son los que más saben cómo educar a un niño, por desgracia no coinciden y os confunden más que resultar de ayuda.

Mi consejo en esta situación: no dejéis que la opinión de otros os influya. Por supuesto, los manuales pueden ayudar y los padres, ya sean los vuestros u otros, que ya han tenido que pasar por lo mismo, también saben mucho. Todo ello es estupendo para encontrar inspiración, pero lo más importante es que estéis unidos y sigáis una misma línea. Sentaos a hablar sobre este tema, exponed sus ventajas y desventajas y encontrad juntos la solución ideal.

CONSEJO: Principios de educación para el primer año de vida

- Quiero poner en vuestras manos un par de reglas generales para los 12 primeros meses:
- Tal y como hemos explicado: vosotros sois un ejemplo para el bebé, comportaos de acuerdo con esta máxima

- Poned límites: sin saber parar o decir no, la educación no funciona
- Favoreced el impulso de descubrimiento: dejad actuar al bebé, aunque alguna vez se caiga de culo
- No deben sobrepasarse tus límites físicos y mentales. Si no puedes más, tu bebé también deberá aprenderlo

Diarios, álbumes de fotos y redes sociales

Las primeras palabras, la primera risa sincera, los primeros pasos: guarda los logros de tu bebé. Hoy en día tienes a tu disposición una gran variedad de opciones.

Puedes hacer fotos y vídeos de esto, de cómo tu bebé se alegra con los primeros regalos, cómo reconoce a la yaya o cómo escucha el ritmo de la música y se mueve con él. Luego ya puedes decidir si guardar estos momentos en un tipo de diario digital, compartirlos con amigos y familiares por medio de las redes sociales, pegarlos en un álbum de fotos como se hacía antes o escribir en un libro de notas. Siempre podréis volver a ver estos recuerdos especiales, más adelante incluso con vuestro hijo/a.

Enfermedades infantiles habituales

No esperamos que tu bebé se ponga enfermo, pero quiero hablarte de las enfermedades más habituales y explicarte lo que puedes llevar a cabo para hacerles frente:

- **Diarrea:** Si supera el plazo de un día, buscar un médico de inmediato (riesgo de deshidratación)
- **Estreñimiento:** Evitar alimentos que provocan estreñimiento, dar al bebé mucho líquido y, si es necesario, poner un supositorio

- **Vómitos:** En caso de que los vómitos duren mucho tiempo, deberá buscarse siempre un médico

- **Flatulencias:** colocar al bebé en la postura del avión (el bebé está tumbado boca abajo sobre tu antebrazo), masaje (en el sentido de las agujas del reloj y alrededor del ombligo), colocar cojines de bebé sobre su barriguita, darle infusiones de hinojo, anís y comino (si no está en período de lactancia), utilizar supositorios, remedios para flatulencias de venta en farmacias

- **Cólicos:** Masajear, mecer y, en caso necesario, buscar un médico; administrar algún tipo de remedio para bebé de venta en farmacia, como las pastillas Lefax

- **Fiebre:** Lo normal es una temperatura de alrededor de 37 grados. Si se supera dicha temperatura, se debe buscar un médico. Las compresas frías y el paracetamol suelen frenar la fiebre un poco

- **Catarro:** Gotas nasales de solución salina, aerosoles nasales, pasear, mucha calma, hasta los 3 meses: acudir al médico ante los primeros síntomas de catarro, si el bebé tiene más meses, acudir al médico si el catarro no se ha pasado en una semana

- **Conjuntivitis:** Cuidado: muy contagioso. Buscad en este caso también un médico

- **Otitis media:** Si el bebé se agarra constantemente de la oreja y llora al hacerlo, esto puede deberse a una infección del oído medio u otitis media. Si esto ocurre, acudid también directamente al médico

- **Acné del bebé:** Desaparece por sí solo, lavar con jabón suave

- **Dermatitis seborreica (costra láctea en la cabeza):** Aplicar aceite de oliva, dejar que actúe durante media hora y limpiar con un champú anti-escamas

- **Dientes:** En este caso es útil un anillo de dentición refrigerante

- **Lesiones ocasionadas por caídas:** En esta situación es mejor pasarse y acudir muchas veces al médico que no hacerlo, en particular si el bebé parece desorientado o inconsciente o sangra por la nariz o los oídos

- **Picaduras de insectos:** Si tu bebé manifiesta una reacción alérgica, llévalo de inmediato a un hospital

Vacunas

Es muy importante vacunar a los niños y bebés para que puedan desarrollar a tiempo una protección suficiente frente a infecciones graves. Las enfermedades infantiles frente a las que se vacuna en la infancia pueden, en el peor de los casos, resultar mortales.

Relación de pareja con un bebé

¿Y qué ocurre ahora con vuestra relación? Probablemente ya durante el embarazo hayáis tenido algunos altibajos, el bebé ahora ya está ahí y...¿ahora todo será como antes del embarazo, no? Por desgracia, esto no es tan fácil.

El caos emocional provocado por las hormonas sigue estando presente, la falta de sueño y el mayor nivel de ruido os ponen nerviosos y cualquier minuto de calma se utiliza para recoger, descansar y dormir. Por desgracia, no queda mucho tiempo para la vida en pareja. Pero, a pesar de ello, no podéis olvidar lo importante que es una buena relación de pareja precisamente ahora. Dicha relación aporta felicidad, alegría y energía renovada.

Consejo: para la vida en pareja a pesar del bebé

- Haceos cumplidos y comentarios positivos
- Agradeced las pequeñas cosas (*gracias por haber cocinado para nosotros*, etc.)
- Hablad de forma abierta y sincera sobre cosas que os suponen una carga y haced un intercambio constructivo

- Levantaos juntos por la mañana, incluso cuando el *turno de atender al bebé* sea del otro

- No recuerdes al otro miembro de la pareja cuántas veces has cambiado los pañales o te has levantado por las noches

- Debéis tener el mismo respeto por las tareas del miembro de la pareja que se queda en casa y cuida del bebé como del miembro de la pareja que va a trabajar

- Mostrad interés por el día a día del otro

- Conseguid a diario un poco de tiempo para la vida en pareja, hablad sobe cosas que no tienen que ver con el bebé y regalaos una vez a la semana una bonita noche para los dos: podría ser una tarde de cine con cena y velitas o contratad a una persona que haga de canguro para este momento y salid juntos

La correcta organización del tiempo

Cambiarle los pañales, darle de comer, jugar con él, bañarlo, cuidarlo: un bebé necesita mucha atención. Y cuando se hayan llevado a cabo todas estas actividades, os esperarán las tareas del hogar. Si uno de vosotros dos vuelve a su trabajo, entonces faltará *mano de obra* en casa. A la hora de repartir las tareas, uno puede llegar al límite.

Sin embargo, lo importante es que consigáis sacar tiempo tanto para estar con la familia como para disfrutar los dos como pareja. Probablemente también otros miembros de la familia o amigos os ayuden para llevar a la práctica este deseo. Para ello, por supuesto, también es importante que vuestro bebé se acostumbre a otras personas que cuiden de él.

Además, podéis buscar a otros padres cerca de vosotros y organizar veladas de juegos para los niños. Podéis estar presentes de vez en cuando y otras veces disfrutar de vuestro tiempo en pareja.

Celos del peque

Otro obstáculo en la relación: de repente la atención de tu pareja recae casi exclusivamente en el bebé y, a menudo, no necesita más contacto físico porque así ya tiene suficiente. Muchos padres reaccionan a esta situación con celos.

Si te sientes excluido y te invade la envidia, consuélate pensando que no eres el único y, en cuanto además de amamantar al bebé, empecéis a darle también otro tipo de comida, todo puede volver a cambiar muy rápidamente. Puedes superar esta etapa trayendo a tu pareja algo de beber mientras está amamantando al bebé y acariciándola con cariño o emplear tu tiempo en preparar algo para comer.

Y para el resto de ocasiones: ¡Quédate ahí! Ya sea para la poco deseada tarea de cambiar pañales o para el baño del bebé. Intercambia opiniones con tu pareja, contaos lo que habéis vivido con el bebé. Esto refuerza tanto vuestra relación como la relación con el bebé, harás que los celos desaparezcan y además, como punto positivo, aprendéis juntos y ya no tendrás que tener ningún temor de cara al día en que tengas que quedarte solo con tu bebé.

Sexualidad

Como ya seguramente sabrás, muchas mujeres no se sienten a gusto con su cuerpo durante el embarazo. Esto radica en el cambio que se produce: engordan, no se ven tan en forma y ya no pueden moverse como antes, además del tema de las hormonas.

Sin embargo, a muchas más mujeres les ocurre este fenómeno tras el parto. Su cuerpo todavía no ha recuperado la firmeza y se quejan de dolores y heridas en la zona íntima. Además, la necesidad de recuperación es sencillamente muy grande. A menudo también los hombres pierden las ganas de tener sexo.

CONSEJO: Estimular juntos vuestro apetito sexual

- Mostraos mediante masajes cariñosos y mucho contacto físico lo unidos que os sentís

- Tomaos vuestro tiempo y disfrutad también de la sensación de estar mimado por tu pareja, aunque esto no de lugar al sexo

- No os avergoncéis si no tenéis ganas y parad en lugar de *forzar la situación*

- Nunca os presionéis

- Disfrutad de un tiempo romántico para los dos

- Hablad abiertamente de vuestras discrepancias

Sin embargo, si en los primeros días o semanas después del parto queréis volver a tener sexo, utilizad un preservativo como precaución. Aunque tu pareja puede que ya vuelva a ser fértil, no lo digo para que os protejáis frente a un nuevo embarazo, es por las heridas abiertas en la zona de los labios genitales y el útero de tu pareja. Los gérmenes pueden provocar una infección y debéis evitar eso a toda costa. Además debéis prestar una atención especial a la higiene corporal.

Después del parto tenéis que actuar con un poco más de cuidado, ya que las zonas sensibles y erógenas de tu pareja puede que hayan cambiado por completo. Ten cuidado con sus sentimientos, ya que ahora su mayor miedo será que ya no la encuentres atractiva. Convéncela de lo contrario tan a menudo como puedas.

Seguir adelante con buenas recomendaciones

Para que podáis disfrutar un poco de vuestra vida en pareja y darle al peque la posibilidad de no depender de vosotros dos todo el tiempo necesitaréis la ayuda de un canguro. Lo mejor es dejar al bebé a cargo de alguien que tenga experiencia con niños y lo ideal es que también tengáis confianza en esa persona. ¿Quién puede ser más apropiada que tu madre o tu suegra, es decir, las abuelas? Para que sepáis dónde os metéis, quiero hablaros de los dos tipos de abuela que existen.

Número 1: Se comporta como si fuese vuestra amiga y trata al bebé con cariño. Lo bueno de ella es que sabe cuál es su lugar. Sabe que ella es la abuela y que la educación no entra dentro de sus competencias. Os da consejos si se los pedís y estará en todo momento dispuesta a hacer el papel de niñera para su nieto/a.

Número 2: Ella también trata al bebé con cariño y le gusta hacer de niñera, pero no para de daros consejos bienintencionados pero muy anticuados y, por supuesto, tenéis que aceptar su opinión. Ella sabe más que nadie. El inofensivo café con la abuela puede transformarse muy rápidamente en una situacion que os ponga de los nervios, llena de frases del estilo *dejadlo que llore, ¿alguna vez duerme y toma el zumo de zanahoria tal y como os dije?*

Para tener el apoyo de ambos tipos de abuela sin consejos no deseados, tendréis que explicarle al tipo de abuela número 2 ya desde el principio que los tiempos han cambiado y que sus consejos de ese tipo no son necesarios. Decidle que en caso de tener cualquier duda le consultaréis.

Tenéis que actuar con autoconfianza pero ser cariñosos con los abuelos primerizos. Al fin y al cabo, deben aceptar que sus propios hijos por fin son mayores, algo que a la mayoría le resulta un proceso muy difícil.

Dicho sea de paso, las distintas normas que existan entre vosotros y los abuelos no atañen al bebé. No discutáis con vuestros padres sobre quién puede hacer qué. En lugar de ello, disfrutad del tiempo que podáis estar con el bebé.

Si tu pareja tiene una buena amiga que ya tiene un bebé, su palabra ahora irá a misa. De hecho, podéis aprovechar que ella es más o menos de vuestra edad y no querrá aplicar métodos educativos anticuados. Pero aquí tienes que tener cuidado, ya que si tú y su mejor amiga no estáis de acuerdo, aquí tienes todas las de perder.

Como ya he mencionado, es importante que tú y tu pareja estéis de acuerdo en el tema de la educación: si la amiga siempre está de por medio, lo más astuto será que busques un aliado. Uno que sabe más que nadie: el pediatra. No podrá ayudaros en todas las cuestiones educativas, pero para ello están los libros e Internet. Busca siempre varias fuentes que apoyen tu opinión y así podras poner a tu pareja de tu parte.

La burocracia

Papeles, documentos, registros: para el pequeño recién llegado se necesita mucho papeleo. Probablemente tú y tu pareja tengáis muchas cosas en la cabeza como para pensar en asuntos burocráticos, pero por desgracia no os queda otra. Para que no olvides ni pases por alto nada importante, aquí te ofrezco un resumen.

Alta del bebé en el Registro Civil

Debes censar a tu bebé o bien en la ciudad donde ha nacido o bien en aquella donde vaya a residir y este trámite debe hacerse pasadas 24 horas del nacimiento del bebé y en un plazo máximo de ocho días. Ya en el hospital habréis tenido que rellenar el informe médico de maternidad, que se trata de un impreso amarillo, y un boletín estadístico (impreso rojo o azul, dependiendo de la Comunidad Autónoma). El hospital rellenará los datos relativos al parto, pero el resto tenéis que hacerlo vosotros.

Si estáis casados, será suficiente con que vaya uno de los dos miembros de la pareja, pero en caso contrario, por norma general, deberéis ir los dos.

¿Qué se necesita para el alta del bebé en el Registro Civil?

- DNI del padre y de la madre

- Libro de familia

- Informe médico de maternidad

- Boletín estadístico

- Sentencia de separación o divorcio (en caso de que uno de los padres haya estado casado con anterioridad)

- Si queréis hacer el DNI del bebé próximamente, pedid que os emitan el certificado literal de nacimiento del bebé (caduca a los 6 meses)

CONSEJO: Llevar al hospital una carpeta con los documentos

Lleva al hospital todos los documentos necesarios para los papeleos. De esta forma, cuando llegue el gran día, a pesar del estrés y el bullicio tendrás todo listo.

Permiso de paternidad

Si estás trabajando para una empresa, deberás pedir un permiso de paternidad. Dependiendo de la empresa, puede darse el caso de que sea un gestor externo el que haga el certificado y que, en el peor de los casos, tengas que volver otro día. Para evitar esta situación, lo mejor es preguntar a la empresa si se pueden enviar los documentos por fax o por e-mail antes de desplazarte, así cuando llegues ya puedes tener el certificado preparado. Actualmente, el permiso de paternidad es de ocho semanas, pero a partir del 2020 será de 12 semanas y para 2021 se habrá ampliado a 16 semanas, de manera que los permisos de maternidad y paternidad sean igualitarios. Si eres autónomo, deberás presentar una declaración de situación de actividad como autónomo. No olvides comunicar el nacimiento de tu hijo en un plazo máximo de 15 días desde el momento del parto.

¿Qué se necesita para pedir el permiso de paternidad?

- Libro de familia

- DNI

- Declaración de situación de actividad (en caso de ser autónomo)

Baja por maternidad y permiso de maternidad

Para la baja por maternidad es necesario llevar un informe del alta hospitalaria y el DNI de la madre (en caso de que sea otra persona la que la solicite). Para que no tenga que ir directamente la madre, podrá ir el padre o un familiar directo. Para pedir en la empresa el certificado del permiso de maternidad, es bueno preguntar a la empresa si pueden enviarse antes los documentos para evitar tener que volver, tal y como ocurre con el permiso de paternidad. Para el permiso de maternidad, se necesita el libro de familia, el DNI de la madre y la baja por maternidad. El certificado de la empresa deberá entregarse en la oficina de la Seguridad Social para solicitar la prestación por maternidad. En caso de que la madre sea autónoma, debe haber cubierto un periodo mínimo de cotización. Podéis ver más información en el siguiente enlace: https://www.infoautonomos.com/seguridad-social/prestaciones-por-ma-ternidad/

Empadronamiento

Este es un trámite que a menudo se realiza de oficio y es el Registro Civil el que lo comunica al ayuntamiento y el bebé se inscribe en el domicilio en el que figuren empadronados ambos padres o alguno de sus progenitores. En este caso, tendrá preferencia el domicilio donde esté inscrita la madre. No obstante, los padres podrán inscribir al bebé en el ayuntamiento.

¿Qué se necesita para el empadronamiento?

- Libro de familia

- DNI del padre o de la madre

Deducciones de Hacienda

Las madres trabajadoras reciben una ayuda mensual de 100 € hasta que el niño cumpla los tres años.

Afiliación del bebé en la Seguridad Social

Otro trámite que no puede demorarse para que se pueda asignar al bebé un pediatra lo antes posible es darle de alta en la Seguridad Social.

Tarjeta sanitaria y asignación del pediatra

Para ello hay que dirigirse al Centro de Atención Primaria o Centro de Salud en el que haremos las revisiones periódicas con el pediatra. Para ello debe llevarse el libro de familia, el certificado de empadronamiento del bebé, el impreso de afiliación del bebé como beneficiario de la Seguridad Social y el impreso de solicitud de la tarjeta sanitaria del bebé (lo proporcionan allí mismo).

Ayudas por nacimiento de la Seguridad Social

Además de las prestaciones por maternidad y paternidad que hemos mencionado anteriormente y la ayuda mensual de 100 euros a las madres trabajadoras, existe la prestación económica por hijos o menores a cargo sin discapacidad o por hijos o menores a cargo con una discapacidad igual o superior al 33%. Si los hijos son mayores de edad, existe una ayuda para una discapacidad igual o superior al 65% y otra para una discapacidad igual o superior al 75%.

En el caso de hijos menores a cargo sin discapacidad, se asigna una cantidad total de 341 euros anuales si los ingresos del beneficiario no superan el límite de 12.313 euros anuales más un 15% por cada hijo o menor acogido a partir del segundo. En el caso de familias numerosas, el límite será de 18.532 euros. Puede verse información más específica a este respecto en la página web de la Seguridad Social en el siguiente enlace: http://www.seg-social.es/wps/portal/wss/internet/Trabajadores/PrestacionesPensionesTrabajadores/10967/27924/27936.

En el caso de menores a cargo con una discapacidad igual o superior al 33%, se asigna una cantidad de 1000 euros anuales por hijo sin existir límite de recursos económicos al tratarse de una persona con discapacidad. En el caso de hijos mayores de edad con una discapacidad igual o superior al 65% se asignará una cantidad de 4704 euros anuales por hijo y en caso de que la incapacidad sea igual o superior al 75%, la asignación será de 7056 euros anuales por hijo. En ambos casos no habrá límite de recursos económicos al tratarse de personas con discapacidad.

111

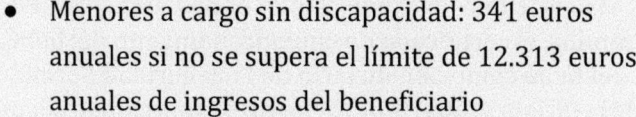

Resumen de las cifras

- Menores a cargo sin discapacidad: 341 euros anuales si no se supera el límite de 12.313 euros anuales de ingresos del beneficiario
- Menores con discapacidad igual o superior al 33%: 1.000 euros anuales
- Mayores de edad con una discapacidad igual o superior al 65% y mayores de edad con una discapacidad igual o superior al 75%: 4.704 euros anuales y 7.056 euros anuales respectivamente

Alquiler

Si estáis de alquiler, deberéis informar al arrendador de que a partir de ahora hay un miembro más en el piso.

Deducción o desgravación de IRPF por hijos

Al hacer la declaración de la renta, pueden reducirse las siguientes cantidades por hijo: 2.400 euros anuales por un hijo, 2.700 euros anuales por el segundo hijo, 4.000 euros por el tercer hijo y por el cuarto y los siguientes, 4.500 euros anuales. Además, por cada descendiente menor de tres años, los mínimos anteriores se incrementarán en 2.800 euros anuales.

También existen deducciones autonómicas por comunidades. Para ello, deberás visitar la página de Hacienda de tu Comunidad Autónoma.

Prueba de paternidad

Hasta ahora hemos partido del hecho de que tu pareja y tú estáis seguros de quién es el padre de vuestro bebé. Si, por el motivo que sea, no estáis seguros de quién es el padre, la respuesta a esta pregunta puede ser importante no solo a la hora de establecer un vínculo sentimental, sino también en caso de disputas por el mantenimiento y la custodia de menores. Pero, ¿qué normas legales hay para las pruebas de paternidad y qué debes tener en cuenta?

La prueba en sí es sencilla. Tu ADN se comparará con el del bebé y podrás saber con un 99,9 % de seguridad si el peque es tuyo. Para ello se tomará una muestra de saliva o una muestra de sangre de todos los implicados (mamá, papá y bebé) y se procederá a la comprobación del ADN.

En España, en caso de que una pareja esté casada, se presupone que el marido es el padre de los hijos, tal y como recoge el Código Civil. En cambio, si la pareja no está casada, tanto el padre como la madre podrán llevar a cabo una solicitud de inscripción. Si el padre no reconoce la paternidad, solo se inscribirá a la madre. Sin embargo, si se quiere reconocer la filiación del supuesto padre, un juez deberá determinarlo mediante sentencia. El proceso de filiación se inicia para que se compruebe la paternidad de un padre que no reconoce a su hijo/a y la demanda debe acompañarse de pruebas que puedan demostrar que cuando el bebé fue concebido los padres mantuvieron algún tipo de relación. La prueba de ADN es clave en el reconocimiento de la paternidad, ya que es una manera absolutamente fiable de comprobarlo. En caso de que el padre se niegue, haya indicios de que puede ser el padre y nada que indique lo contrario, se considerará una "fictia confessio" y el juez entenderá que el progenitor se niega a hacerse la prueba porque sabe o cree que es muy posible que sea el padre.

El precio de la prueba de paternidad en España oscila entre los 150 y los 1000 euros. Las tarifas varían en función de si se han utilizado reactivos y equipos validados para la práctica forense o son reactivos fabricados por el propio laboratorio, en cuyo caso son más económicos, pero no garantizan la reproducibilidad de los resultados. En España, para demostrar la paternidad legal se acepta una probabilidad de paternidad superior al 99,73%. Para que las pruebas legales sean admitidas en los tribunales, estas deben realizarse de acuerdo con las recomendaciones y los protocolos de la Sociedad

Internacional de Genética Forense, utilizándose reactivos comerciales testados y validados para este fin.

Impugnación de la paternidad

Si existen dudas sobre la veracidad de la paternidad de un hijo reconocido, puede iniciarse la impugnación de paternidad o filiación. Podrán impugnar la paternidad el supuesto padre, el hijo, las personas con interés legítimo o la supuesta madre.

Custodia de menores, régimen de visitas y manutención

Custodia de menores

Debe distinguirse entre patria potestad y guarda y custodia. La patria potestad hace referencia al conjunto de facultades y deberes que deben cumplir los padres con respecto a sus hijos menores, como son la asistencia, la educación y la formación integral, la representación o la administración de sus bienes. Por otro lado, la guardia y custodia hace referencia al conjunto de decisiones ordinarias que afectan a la convivencia con los hijos. Es decir, la guardia y custodia es parte integrante de la patria potestad.

A este respecto, las Comunidades Autónomas que carecen de derecho civil propio se rigen por el Código Civil común. Solo han desarrollado un derecho civil propio las comunidades de Aragón, Cataluña, Navarra y Comunidad Valenciana. El Derecho de Familia español recoge cuatro tipos de guarda y custodia: la **guarda y custodia monoparental, individual o exclusiva**, la **guarda y custodia compartida**, la **guarda y custodia partida o distributiva** y la **guarda y custodia atribuida a un tercero**.

En la **guarda y custodia monoparental**, uno de los padres (el progenitor custodio) es el encargado del cuidado diario de los menores. También será el encargado de gestionar la pensión de alimentos. Por otra parte, el progenitor no custodio gozará del derecho de visita, comunicación y estancia.

En la **guarda y custodia compartida**, ambos progenitores tienen a sus hijos en períodos alternos y pueden tomar decisiones en igualdad de condiciones sobre el cuidado de los hijos.

El caso de **guarda y custodia partida o distributiva** se da cuando los progenitores tienen varios hijos. En este caso el juez podrá atribuir la custodia de unos hijos a un progenitor y la custodia de los restantes al otro. Es la forma menos común, ya que por el principio de unidad familiar no se recomienda la separación de los hermanos, salvo en casos justificados.

La **guarda y custodia atribuida a un tercero** se da en casos en que existan circunstancias extraordinarias que impidan atribuir la custodia a los progenitores.

En algunos casos, si la conducta de uno de los progenitores es inadecuada, se podrá proceder a la retirada de la custodia de los hijos. Existen 7 motivos por los que puede perderse la custodia de los hijos. Se trata de los siguientes casos:

- Abuso o mantenimiento de conductas violentas con los hijos
- Abandono o descuido de la atención necesaria de los hijos
- Llevar una vida desorganizada que afecte a los niños
- Ingreso en prisión
- Presencia de adicciones importantes que perturben su comportamiento
- Viajar mucho o cambiar de ciudad alterando en exceso la vida de los hijos
- Utilizar a los hijos en contra del otro progenitor

Régimen de visitas

El artículo 94 del Código Civil recoge que "el progenitor que no tenga consigo a los hijos menores o incapacitados gozará del derecho de visitarlos, comunicar con ellos y tenerlos en su compañía". Por otro lado, el artículo 160 del Código Civil, modificado por la Ley 26/2015 recoge que los hijos menores tienen derecho a relacionarse con sus progenitores, aunque estos no ejerzan la patria potestad, salvo que se disponga otra cosa por resolución judicial o por la Entidad Pública en los casos establecidos en el artículo 161.

¿Qué tipos de derecho de visita existen?

- Visita razonable: Si el juez ha mencionado este tipo de visita, eso significa que los cónyuges deben ponerse de acuerdo al respecto de la forma más cuerda y racional posible. El padre en custodia no tendrá ningún deber legal de aceptar ningún programa de visitas que se le proponga, pero si no está siendo flexible por motivos maliciosos contra su excónyuge, el juez podrá tenerlo en cuenta posteriormente en caso de que el padre luego haga una reclamación
- Visitas fijas: Aquí será el juez el que establezca los horarios (y a veces los lugares) donde el padre sin custodia realizará las visitas

¿Puedes irte de vacaciones con tu hijo/a?

Si estás separado, el primer paso que se debe tomar es pedir las vacaciones a la otra parte. Por norma general, en la sentencia de divorcio se recoge el reparto equitativo de los días de descanso y se debe recoger qué día empiezan las vacaciones de cada uno de los padres con el pequeño. En caso de que haya varios hijos, se intentará no separarlos.

Si se quiere viajar con los hijos al extranjero, lo primero que hay que hacer es saber si en la sentencia de divorcio aparece la parte en la que se permite a los padres organizar viajes al extranjero con los menores y, aunque esto aparezca citado en la sentencia, se debe obtener el consentimiento escrito del padre/madre para sacar a los hijos del país. La autorización se podrá hacer gratis a través de cualquier oficina de la policía completando un formulario que deberá pedirse una semana antes de la fecha estimada del viaje.

Pago de la manutención

Si tu hijo vive con su madre, estarás obligado a pagar su manutención. Según el artículo 142 del Código Civil, "se entiende por alimentos todo lo que es indispensable para el sustento, habitación, vestido, asistencia médica [...] educación e instrucción del alimentista, mientras sea menor de edad y aún después cuando no haya terminado su formación por causa que no le sea imputable. Entre los alimentos se incluirán los gastos de embarazo y parto, en cuanto no estén cubiertos de otro modo". La fijación de la cuantía que debe pagarse dependerá de los ingresos de la persona que está obligada a abonarlos y de las necesidades de los hijos.

Breve lista de comprobación: Burocracia

- # Alta del bebé en el Registro Civil
- # Empadronamiento
- # Avisar en la empesa del nacimiento
- # Alta del bebé en la Seguridad Social
- # Tarjeta sanitaria del bebé
- # Prestaciones por hijos
- # Avisar en la empresa/solicitar el permiso de paternidad
- # Deducciones de Hacienda por hijos
- # Solicitud de plaza en la guardería

Comentario final

Muchas gracias por haber leído este libro. Ahora sabes lo más importante que debes saber sobre el tema de la parternidad y estás muy bien informado de cara a tener tu primer hijo/a, así como en lo relativo al deseo de tener hijos, el embarazo y el nacimiento y cómo cuidar al bebé durante su primer año de vida.

El sultán marroquí Mulai Ismail tuvo 888 hijos, pero no se preocupó por su descendencia. Cuando sus herederos de sexo masculino estaban en la edad de poder servir a su ejército, entonces el soberano les prestaba atención. Estoy seguro de que serás un padre mucho mejor para tu hijo o hija y que te preocuparás con ternura y de manera solícita por el nuevo recién llegado.

Si te ha gustado el libro, por favor deja una valoración positiva. Y en caso de que no te haya gustado, agradecería que te pongas en contacto conmigo antes de escribir una valoración. De esta manera, podemos hablar acerca del problema y modificar los puntos que pudieran ser cuestionables o erróneos en mi libro.

Me siento tan unido a este tema que quiero continuar ahondando en él sin falta. Tengo previsto escribir un mínimo de cinco libros más sobre cada fase de desarrollo de nuestro hijo y de todos los hijos en general desde los dos años de edad hasta la pubertad. Estad atentos, os informaré sobre las nuevas publicaciones en mi boletín de noticias. ¡Qué vaya todo bien y hasta pronto! *Vuestro Jonas*

Direcciones

Embarazo

https://www.mscbs.gob.es/ciudadanos/proteccionSalud/mujeres/embarazo/home.html

https://www.cdc.gov/ncbddd/spanish/childdevelopment/positive-parenting/infants.html

Documentos que deben hacerse cuando el bebé nace

https://www.serpadres.es/embarazo/tu-bebe/articulo/160325-10-pasos-para-hacer-el-papeleo-del-bebe

https://www.tramitesnacimiento.com/

http://www1.seg-social.es/ActivaInternet/Panorama/REV_031081

Paternidad y custodia de menores

https://www.legalitas.com/actualidad/Reconocimiento-de-la-paternidad-principales-claves-legales

https://www.divorcios.me/tipos-custodia/

Libros (Bibliografía)

Fontdevila, Manel: *La parejita: guía para padres desesperadamente inexpertos* , ISBN 9788497415729

Blanco, Frank: *Cómo ser padre primerizo y no morir en el intento,* ISBN 10: 8403013078

Martínez, Óscar: *Padre no hay más que uno...y ese soy yo*, ISBN-10: 8416449368

Esteve Lloret, Rafael: *Guía urgente del padre primerizo*, ISBN-10: 8416124787

Roca, Elisenda, Basil, Carlota: *Vamos a ser padres: La guía más completa, actualizada y ampliada de embarazo, parto y posparto*, ISBN-10: 8499894860

Lloreda García, José María: *Lo que nadie te contó sobre la maternidad, el parto y la lactancia.* ISBN-10: 8416002363

Contenido legal

Aviso legal

Jonas Weidner está representado por:

Ronny Quaas
Leipziger Straße 72
08056 Zwickau

E-Mail: info@vaterwerdenfueranfaenger.de
Web: www.vaterwerdenfueranfaenger.de

Coverbilder
Lauria | Fiverr

Responsabilidad por enlaces externos / Exención de responsabilidad

El libro contiene enlaces a páginas web externas de terceros en cuyo contenido no tiene ninguna influencia el autor. Por este motivo, no se asume ninguna responsabilidad en lo relativo a contenidos externos. El proveedor correspondiente o el gestor de la página web será el único responsable de su contenido. En el momento de incluir los enlaces se comprobó que las páginas no incurriesen en posibles infracciones legales. En el momento de introducir los enlaces no se detectaron contenidos ilícitos. Sin embargo, no es razonable un control permanente de los contenidos de las páginas web sin indicios concretos de infracciones. Si llega a nuestro conocimiento que existe una infracción con cualquiera de los enlaces, dichos enlaces se eliminarán de inmediato.

El uso de este libro y la puesta en práctica de la información será bajo su propia responsabilidad. Ni la editorial ni el autor tendrán ninguna responsabilidad en caso de posibles accidentes y daños de cualquier tipo producidos por la visita a lugares mencionados en este libro (por ejemplo debido a la falta de indicaciones de seguridad). Queda excluida cualquier demanda de responsabilidad frente a la editorial y frente al autor debido a daños de tipo material o sentimental producidos por el uso o no uso de la información, así como el uso de información errónea o incompleta. Con ello queda excluida cualquier reclamación legal o por daños. La obra y todos sus contenidos han sido elaborados cuidadosamente. Sin embargo, la editorial y el autor no asumen ninguna garantía relativa a la actualidad, la corrección, la integridad y la calidad de la información expuesta. No pueden excluirse por completo errores de imprenta e informaciones falsas. La editorial y el autor no asumen ninguna responsabilidad en lo referente a la actualidad, la corrección y la integridad del contenido del libro o en lo relativo a errores de imprenta. No habrá responsabilidad jurídica ni ningún tipo de responsabilidad derivada de datos erróneos y sus consecuencias para la editorial y para el autor. Los únicos responsables de los contenidos de las páginas web mencionadas en el libro serán los propietarios de dichas páginas web. La editorial y el autor no tienen ninguna influencia en la estructura ni en los contenidos de páginas de Internet de terceros y se distancian de dichos contenidos. En el momento de incorporar los enlaces, no existía ningún contenido ilegal en las páginas web.

Notas